疯传

经典平装版

让你的产品、思想、行为像病毒一样入侵

Contagious
Why Things Catch On

[美] 乔纳·伯杰（Jonah Berger）◎著

乔迪　王晋◎译

电子工业出版社
Publishing House of Electronics Industry
北京·BEIJING

CONTAGIOUS: WHY THINGS CATCH ON by JONAH BERGER

Original English language edition Copyright © 2013 by Social Dynamics Group, LLC.
Simplified Chinese Translation Copyright © 2020, 2018, 2014 by Publishing House of Electronics Industry Co., Ltd
Published by arrangement with the original publisher, Simon & Schuster, Inc.
All Rights Reserved.

本书中文简体字版授予电子工业出版社独家出版发行。未经书面许可，不得以任何方式抄袭、复制或节录本书中的任何内容。

版权贸易合同登记号　图字：01-2013-1789

图书在版编目（CIP）数据

疯传：让你的产品、思想、行为像病毒一样入侵：经典平装版／（美）乔纳·伯杰（Jonah Berger）著；乔迪，王晋译. —北京：电子工业出版社，2020.6
书名原文：Contagious: Why Things Catch On
ISBN 978-7-121-38786-9

Ⅰ.①疯… Ⅱ.①乔… ②乔… ③王… Ⅲ.①市场营销学 Ⅳ.①F713.50

中国版本图书馆CIP数据核字（2020）第046933号

书　　名：疯传：让你的产品、思想、行为像病毒一样入侵（经典平装版）
作　　者：[美] 乔纳·伯杰（Jonah Berger）

责任编辑：郭景瑶
印　　刷：三河市鑫金马印装有限公司
装　　订：三河市鑫金马印装有限公司
出版发行：电子工业出版社
　　　　　北京市海淀区万寿路173信箱　　邮编：100036
开　　本：720×1000　1/16　　印张：16.5　　字数：290千字
版　　次：2020年6月第1版
印　　次：2020年8月第4次印刷
定　　价：58.00元

凡所购买电子工业出版社图书有缺损问题，请向购买书店调换。若书店售缺，请与本社发行部联系，联系及邮购电话：(010) 88254888，88258888。
质量投诉请发邮件至zlts@phei.com.cn，盗版侵权举报请发邮件至dbqq@phei.com.cn。
本书咨询联系方式：(010) 88254210, influence@phei.com.cn，微信号：yingxianglibook。

丹尼尔·吉尔伯特　哈佛大学心理学教授，《撞上快乐》的作者

"伯杰比任何人都更懂得如何让信息疯传。"

查尔斯·都希格　畅销书《习惯的力量》的作者

"为什么某些思想几乎能够一夜流行，而另一些却石沉大海？为什么有些产品会无处不在，而另一些则无人问津？乔纳·伯杰知道这些问题的答案，并在这本书中揭示了疯传的秘密。"

奇普·希思　《让创意更有黏性》的作者

"假如你想用更小的预算获得更大的影响力，请不要错过这本书，它将告诉你如何让事物疯狂地传播。"

李光斗　中央电视台品牌顾问、著名品牌战略专家、品牌竞争力学派创始人

"揭开流行背后的秘密，引爆潮流的营销艺术，让你的品牌像病毒一样疯传。"

樊登　樊登读书创始人

"如果你希望自己的信息被更多的人快速知道的话……有一本书叫《疯传》，发疯一样的传播，樊登读书会的所有传播手段都是我从这本书里学到的。"

iii

袁岳　零点研究咨询集团董事长

"有些流行的背后有故事，许多流行的背后有规律。这本书告诉了读者故事与规律的背后还有些什么。"

张永伟　国务院发展研究中心研究员

"在社交网络发达时期，传播的投入与产出如何更合理？本书提示：口头传播已经变得比传统广告更具优势，因为它不会夸大其词，更能精准地锁定人群。"

罗文杲　《销售与市场》副总编

"正确地开发新产品变得越来越困难。正如本书作者所言，我们也许很容易发现流行趋势，但却很难主导、利用并掀起波澜，因为产品和思想的流行都是渐进而来的。"

俞雷　喜临门股份有限公司副总裁

"我们不用喋喋不休地强调产品的好处，而要想办法让消费者投入真实的情感，把'自己喜欢'变成'对人传播'，把临时讨论变成持续推荐。"

《金融时报》

"对于严肃的市场营销专业人士而言,本书不太可能提供任何惊人的新观点。但如果你是一位非专业人士,并试图了解在一个只有三分钟热情的社交媒体上瘾者比比皆是的世界中,怎样才是制造影响的最佳方式,那么本书能够给你提供充足的思考素材。"

《科克斯书评》

"伯杰揭示了流行产生的秘密,告诉我们为什么某些产品、思想和行为会获得巨大的社会影响力。这本书是继《引爆点》和《魔鬼经济学》之后的又一佳作,书中富含既有娱乐性又有解释力的案例,并突破性地将关注点从在线传播技术转移到人际传播因素之中。"

《出版商周刊》

"这是一本具有感染力的关于病毒营销的著作。作者以幽默、风趣的语言描绘了认知心理学和社会行为学之间的交互影响过程,着眼于帮助商人和其他群体传播他们的信息,其研究结果也可作为研究流行文化传播的基础读物。"

《今日美国》

"这是一本揭秘为何人们更愿意传播某些事物的书。"

郭广宇（鼠小疯）　三只松鼠首席品牌官

"一个成功品牌的诞生，都要经历两个阶段，首要是提供服务，更高层次是输出文化。一个是品类定位上的成功，是迈向品牌的奠基石，就如三只松鼠没有坚定做坚果品类难有今天；跨过第一个阶段才有可能进入第二个阶段，这是真正的品牌阶段，赋予品牌以灵魂与内在，让它有生命，和用户情感产生更多的连接。我想《疯传》这本书就恰恰讲述了如何传播品牌的文化！"

徐琨　Testin总裁

"什么样的产品会流行？人们出于什么目的对自己的朋友推荐相关的产品？这本书告诉你流行其实有迹可循，提高产品的社交货币价值，即为用户提升格调，会让你的产品形成口碑，最终引爆流行。"

孙博　优学猫总裁

"《疯传》教会优学猫如何将一个好产品在社群里传播和裂变，让我们在短时间内积累了近百万的妈妈粉丝用户，让产品积累了口碑。利用书中的STEPPS疯传六原则，我们引爆了一个软硬结合的儿童智能玩具与数学逻辑思维和英语启蒙教育的市场，并迅速成为业内知名品牌。《疯传》值得大家疯传。"

文杰　大家社区总裁

"'互联网+'的道路上除了要有社群建立的工具，更重要的是社群的生存问题，而《疯传》所讲述的，正是解决社群长久生存的方法。"

马宗武　中央人民广播电台十佳主持人

"每一个生活在现代社会的人都应该读一读这本书。企业经营者会懂得如何让产品大卖，文字工作者会懂得如何让故事口口相传，即使你是普通人，读完这本书，也会懂得如何让语言和思想更具感染力。"

环球网

"在这个人人都有麦克风、摄像机和智能手机的自媒体时代，本书基于口碑传播相较于传统广告投放的明显优势，揭示了某些产品、思想和行为能够引领潮流的深层次原因，并赋予我们制造流行的潜在力量。"

蔡辉　北京晨报副刊部主任

"一个人的价值不是由自我决定的，而是由他对世界的影响、贡献来决定的，所以主动把自我和世界连接起来，是提升生命价值的正途。让更多人了解你、关注你，并把你的产品或想法推广给更多人，对于现代人来说，这是一门值得学习的技术。这也就是为什么绝大多数人愿意从小城市闯进大都市，因为每个人都需要更大的舞台，需要与世界更充分地连接。本书之妙，在于提供了一整套方法，帮助人们破除积习与谬见，真正站在互联网思维上，将现代技术改造成你的传声筒与放大器。登高方能望远，大我足胜小我，善读且信行者，必能从本书中有所收获。"

宋晨希　搜狐网高级编辑

"如何让你的产品和信息疯传？这是一门'手艺'，也是一门技术。如今，产品或信息除了要'是'它本身，还要增加特有的情怀与意义。让用户和产品彼此认同是制胜的法宝。道理或许大家都会讲，但操作可就不好说了。照着乔纳·伯杰所说的做吧，你将获得不一样的成功，让你的品牌在所有人心中落地生根。"

和讯网

"随着互联网的飞速发展，口碑营销在企业营销策略中更加举足轻重，《疯传》这本书告诉我们口碑营销的核心方法，值得阅读并实践。"

王义明　企业与市场网总裁、总编辑

"这本书从特别的六个维度来分析影响事物传播的各类因素，就好像建立了一个模型，非常具有实操性。如果说马尔科姆的《引爆点》是从群体角度出发的，那么《疯传》就是从个体角度出发来分析营销行为的。前者近似社会学，后者类似行为经济学，告诉人们，渺小的个体也可以引发现象级事件的传播。"

让你的品牌像病毒一样疯传

李光斗

（中央电视台品牌顾问、著名品牌战略专家、品牌竞争力学派创始人）

在苹果公司每发布一款电子产品的前夕，粉丝们都会在专卖店门口彻夜排队、人头攒动；可口可乐只有一种口味，却可以畅销一百多年而长盛不衰，足迹遍及世界的每一个角落；迈克尔·杰克逊在世的时候，他的演唱会门票万金而难求其一；2013年"双十一"天猫实现当天销售额突破350亿元，仅小米手机一家就实现了5.53亿元的销售额。是什么让它们如此流行，这一切的背后又有着什么样的秘密？

自腾讯推出微信之后，在短短3年之内，其注册用户就超过6亿人。在新浪推出微博的短短几年之内，其注册用户也突破了5亿人大关。人与人之间交流与沟通的方式与几年前相比，发生了天翻地覆的变化。

传统企业正面临着一个新的营销时代：信息传播不再是单向的自上而下，而是变成了多点对多点的立体网状结构。每个人都能自由地传播信息，也能听到几乎你想听到的任何人的声音。每个人都是独立的"自媒体",人与人之间的交流不再限于一对一,而是变成了群体对群体,每个人的一言一行都可能对整个社会产生深刻的影响,每个人的一举一动也可能只在信息的洪流中一闪即逝,激不起一片浪花。

在这个互联网时代,每天都有海量的信息扑面而来,我们的大脑也会自动过滤掉所有无聊、无用、无意义的信息,以防被过量的信息撑爆。普通的营销手段已经越来越难以吸引消费者的注意力。在这样的大时代背景下,企业面临着挑战,任何微小、负面的消息都可能通过微博、微信的传播放大到尽人皆知;同时,企业也坐拥巨大的机遇,好的策划和组织可使一个本来名不见经传的企业在一夜之间红遍大江南北。如果想让你的品牌迅速吸引消费者的眼球,想让你的产品迅速赢得市场,那么,就需要用好事件营销这把锋利的武器。

好的事件营销可以将广告新闻化、化解消费者的抵触情绪,从而让消费者易于接受。新鲜、独特、不易重复的特点最使人难忘。好的事件营销能够促成媒体的自发报道和消费者的主动参与和传播,使品牌和产品像病毒一样迅速流行开来,就像哈利·波特的魔法棒一样神奇,能让100万美元的广告费看起来像1亿美元,达到四两拨千斤的效果。就如1915年巴拿马国际博览会上茅台酒瓶被摔和张瑞敏在1985年用大锤砸冰箱一样,一个成功的事件营销使品牌的美誉度迅速提升,使传播如虎添翼。

事件营销是把双刃剑，它将品牌置身于聚光灯和消费者的放大镜下。若运用得当并充分体现了品牌的优势，则将在消费者心中树立起良好的品牌形象；若运用不当，缺点反而会暴露得更明显，则实在是自掘坟墓。那么，什么样的事件可以迅速流行？什么样的事件可使品牌美誉度有大幅度的提升？这需要探究流行背后的秘密。

沃顿商学院的市场营销学教授乔纳·伯杰在《疯传：让你的产品、思想、行为像病毒一样入侵》一书里，很好地揭开了流行的秘密，告诉我们流行的背后是什么在发挥作用。在这本书中，乔纳·伯杰以科学的态度和严谨的逻辑分析了当下社会流行事物存在的本质，既包括传播学思想，又包括营销学理念，并在各自的基础之上以流行的事物和载体为依据，进行了深刻的阐述。

社交货币、诱因、情绪、公开性、实用价值和故事，是由乔纳·伯杰总结的让一切事物疯传的STEPPS六原则。他认为正是这些因素的作用，使包括故事、新闻和信息，以及产品、思想、短信和视频等在内的传播内容具备了感染力，形成了它们被广泛传播的深层次原因。如果人们在一开始就能考虑到这六个原则，做到产品和思想具备"包含社交货币、容易被激活、能够激发情绪、有公开性和实用价值，并融入到故事中"的特性，就可以设计并制造出具有高度感染性的内容，则成功就有了70%的把握。而为了更好地说明这些原则如何作用于内容传播，作者又分别针对每条原则给出了详细的事例引证，并结合相关的营销理论进行归纳和说明，使内容既趣味可读，又客观可信。

  市场竞争激烈、产品同质化严重、消费者需求增加、经济萎靡、信息过载，普通的打广告、打价格战的传统营销手段已经很难取得最佳的传播效果。我们应该怎么做？或许可以从这本书里找到一些启发。

李光斗

译 者 序

能够翻译《疯传：让你的产品、思想、行为像病毒一样入侵》这本书是非常让人兴奋的。因为无论作为译者，还是营销出身的我，乔纳·伯杰教授的《疯传》都让我受益匪浅。与营销相关的书籍研读和学习过不少，有的见解独到，有的案例翔实，但像《疯传》一样能将"见解"很好地连接"地气"的却也不多见。这本书也最终让我明白了，有时鱼和熊掌是可以兼得的。

如今的营销方法可谓纷繁复杂、创新不断，对于很多疯传的现象，我们只知其然，而不知其所以然。比如，为什么一家没有广告，甚至没有门牌的酒吧能成为纽约最受欢迎的酒吧之一？为什么看似无人问津的垃圾袋能打败有趣的海盗装让大家更多提及？为什么一首叫作《星期五》的"烂歌"能够在YouTube上点击量超过3亿次？又为什么负面评论也能让一本书的销量增加4倍？很多人认为，成功的营销其实是灵光一现，并没有通用的规律可言。但这本书用大量事实告诉我们，这些灵光一现的背后确有一些规律可言。

营销理论可以讲得很复杂，也可以讲得很简单。复杂的理论容易自圆其说，但简单的理论应用起来通常更方便。本书总结出了众多疯传现象背后的六个核心原则：社交货币、诱因、情绪、公开性、实用价值和故事。社交货币让我们更愿意与他人聊天；诱因能让人们想起需要传播的事物；高唤醒的情绪解释了我们为什么在做完某些事情后更愿意与他人分享；公开性告诉我们，能够看到的事物会让传播的效果更好；有实用价值的信息，我们无论何时都是愿意分享的；最后一条原则"故事"告诉我们，将你想传播的信息整合进故事里，这些信息将更有生命力。这些原则简洁、有效，且易于理解。

当然，并不是想要疯传就必须同时满足这六个原则，其实只要能够很好地运用这六个原则中的几个或者一两个就可以达到非常好的传播效果。

正确地理解书中的原则，不但能让我们的营销方法更加精进，也能避免一些乌龙。比如美国鼓励青少年远离毒品的活动，投入了大量资金，做了许多公益广告进行宣传，实际上却产生了相反的效果。这些广告反而让更多的青少年尝试吸食毒品。

所以，请各位读者在阅读本书时，也思考一下我们身边能看到的一些传播方式和方法，想想它们是否真正有效，能否达到策划者预想的效果。

乔迪
2016年1月于北京

目　录

引言　为什么会流行 —— 001
Introduction: Why Things Catch On

为什么会掀起流行的浪潮　/ 002

产品、思想和行为的风靡之道　/ 005

社会传播　/ 009

如何制造口碑效应　/ 012

与生俱来的口碑效应吗　/ 018

我与研究社会影响的缘分　/ 022

疯传六原则　/ 026

第一章　社交货币 —— 033
Chapter 1: Social Currency

铸造新的货币　/ 038

利用游戏机制　/ 050

成为内部人士　/ 059

小谈动机　/ 066

能不告诉别人吗　/ 068

第二章 诱因 ─────── 071
Chapter 2: Triggers

口碑经纪公司的运作 / 073

为什么某些产品会赢得更多的谈论 / 077

即时口碑与持续口碑的区别 / 079

从玛氏棒到选举 / 082

与丽贝卡·布莱克相约星期五 / 089

话题的引子 / 091

奇巧巧克力加咖啡：养成习惯 / 096

有效诱因是如何炼成的 / 101

情境的重要性 / 104

蜂蜜燕麦圈胜过迪士尼乐园吗 / 106

第三章 情绪 ─────── 109
Chapter 3: Emotion

由最常被转发的文章想到的 / 113

系统分析揭开谜底 / 115

惊奇的力量 / 119

任何情感都能成为分享的动力吗 / 123

点燃行动之火 / 127

关注情感 / 132

善用高唤醒情绪 / 138

婴儿背带引发的抵制潮 / 140

运动有助于分享 / 142

第四章　公开性
Chapter 4: Public — 147

模仿心理学 / 150

可观察性的力量 / 156

蓄须潮 / 161

Hotmail的传奇故事 / 165

"坚强活着"励志腕带 / 169

适得其反的禁毒广告 / 175

第五章　实用价值
Chapter 5: Practical Value — 181

省钱之道 / 187

购物心理学 / 189

不可思议的价值 / 195

不只是钱的问题 / 200

被埋没的事实 / 203

第六章　故事 ——————————————— 207
Chapter 6: Stories

用故事承载信息　/ 209

从故事中学习　/ 215

打造自己的特洛伊木马　/ 219

不要做徒劳的付出　/ 223

后记 ——————————————————— 232
Epilogue

致谢 ——————————————————— 241
Acknowledgments

引言 为什么会流行

Introduction: Why Things Catch On

- 为什么会掀起流行的浪潮
- 产品、思想和行为的风靡之道
- 社会传播
- 如何制造口碑效应
- 与生俱来的口碑效应吗
- 我与研究社会影响的缘分
- 疯传六原则

疯传：让你的产品、思想、行为像病毒一样入侵（经典平装版）
Contagious: Why Things Catch On

为什么会掀起流行的浪潮

2004年3月，霍华德·韦恩（Howard Wein）搬到了费城，当时他已经积累了丰富的酒店管理经验：手持酒店管理MBA文凭，帮助喜达屋酒店集团推出了新的品牌——W酒店，担任喜达屋餐饮总监期间为企业创收数十亿美元。但是，他对大酒店的热情已然不在，他更向往的是一家小一点儿的餐馆。于是，他搬到了费城，设计并推出了一家新的豪华精品牛排屋，取名"巴克莱首厨"（Barclay Prime）。

巴克莱首厨的理念很简单，就是要提供绝佳的牛排屋体验。这家餐馆坐落于费城市中心最豪华的地段，其门厅灯光幽暗，由大理石铺就而成。这里看不到传统的餐椅，取而代之的是长毛绒沙发。顾客们围坐在小巧玲珑的大理石餐桌旁，尽情享用着品类繁多的生贝壳类食物，从东西海岸的牡蛎到俄罗斯的鱼子酱，应有尽有。菜单上列着各种美食，有豪华牛排套餐、松露土豆泥，还有直接从阿拉斯加连夜快递过来的大比目鱼，这些鱼都是用鱼竿一条一条钓上来的。

但是，韦恩心里清楚，美食和舒适的环境还远远不够。毕竟，餐馆最"擅长"的一件事就是关门歇业。这里超过25%的餐馆开业不到

引言 为什么会流行
Introduction: Why Things Catch On

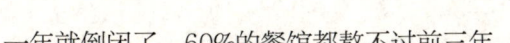

一年就倒闭了，60%的餐馆都熬不过前三年。

餐馆倒闭的原因很多：首先是高昂的开销，从盘中的食材到做菜、上菜的人工，一切都需要开支；其次，餐饮业竞争十分激烈，美国大城市每出现一家新的小餐馆，街角就会接连再冒出两三家。

像大多数小企业一样，知名度也是餐馆面临的一个重大问题。只是宣传餐馆开张就要打一场硬仗，更不用说宣传餐馆的特色了。与韦恩之前工作过的大型连锁酒店不同，大多数餐馆没有充足的资金打广告或做营销，它们的成功取决于人们的口口相传。

韦恩知道自己必须制造话题。费城已有几十家昂贵的牛排屋，巴克莱首厨需要从中脱颖而出。他需要一种食物让巴克莱首厨鹤立鸡群，让顾客感受到这个品牌的独一无二之处。但是，他需要的是什么呢？怎样才能让顾客口口相传呢？

定价百元的费城牛肉芝士三明治如何？

标准的费城牛肉芝士三明治可以在费城数百家三明治店、汉堡店和比萨店买到，价钱大约是四五美元。这种三明治的做法并不复杂：在平底锅中煎片牛排，然后将牛排放到长条面包中，再淋上融化的意大利波萝伏洛奶酪或卡夫食品公司的奶酪神（Cheez Whiz）。这种三明治可谓一款可口的当地快餐，但绝不是什么高级的珍馐佳肴。

韦恩认为，他可以将这款廉价的三明治提升到一个新的烹饪高

003

疯传：让你的产品、思想、行为像病毒一样入侵（经典平装版）
Contagious: Why Things Catch On

度，并给它打上有新闻报道价值的价签，以此来制造话题。于是，他先在自制的新鲜黄油鸡蛋面包上刷上自制的芥末酱，随后加上薄薄的、具有极佳大理石纹路的神户牛排，再加入焦糖洋葱、切成片的祖传番茄[①]及三倍奶油的意大利塔雷吉欧奶酪。最后，再铺上人工采摘的黑松露切片和黄油焗缅因龙虾尾。为了让这款三明治更加高端、大气、上档次，他还配上了一杯冰镇凯哥香槟。

顾客的反响真是棒极了。

人们不仅亲自品尝这款三明治，还奔走相告。有人建议，大家应该"都来尝尝这款美食……这样每个人都有谈论的权利了"。还有人说，这款三明治"货真价实，难以用言语形容。它并不是简单地将所有上等食材混杂在一起，做成堆砌的食物。品尝这款美食就像享用金子一样"。就价钱而言，这款三明治几乎可以与金子匹敌，但味道却美味多了。

韦恩创造的不仅是一款三明治，更是一份谈资。

这款三明治成功了，百元牛肉芝士三明治的故事被人们广泛传播。与任何去过巴克莱首厨的人谈谈，你会发现，即使他们没有点

[①] 祖传番茄指的是种子没有经过人工变种杂交的"纯血统"、纯天然番茄，也就是二战结束前、大型农业开始前的纯品种，由于它的种子很多时候来自家族流传，所以被称为祖传番茄。——译者注

引言 为什么会流行
Introduction: Why Things Catch On

这款美食，大多数人也会提到它，甚至没有去过这家餐馆的人都喜欢谈论它。这款三明治因为极具新闻报道价值，《今日美国》《华尔街日报》等媒体分别刊登了数篇相关报道。探索频道还为这款三明治拍摄了一段视频，放到了自己的节目《史上最佳食物》中。大卫·贝克汉姆来费城时亲自品尝了这款美食。戴维·莱特曼甚至邀请巴克莱的主厨到纽约，在《深夜秀》节目中为他做了一份三明治。所有这一切围绕的仅仅是一个三明治而已。

口口相传大有裨益。巴克莱首厨大约于十年前开业，在大多数餐馆凶多吉少的情况下，这家餐馆不仅存活下来，而且生意兴隆。它获得了无数美食大奖，并连续多年被评为"费城最佳牛排屋"之一。但更为重要的是，它拥有一大批忠实的粉丝。巴克莱首厨就这样风靡起来了。

产品、思想和行为的风靡之道

流行起来的事物有很多，例子不胜枚举，有"坚强活着"黄色腕带、脱脂希腊酸奶、六西格玛管理战略、禁烟令、低脂膳食，还有阿特金斯健康饮食法、南滩减肥法、低碳水化合物狂潮等。同样的风潮也会

疯传：让你的产品、思想、行为像病毒一样入侵（经典平装版）
Contagious: Why Things Catch On

在较小的范围内刮起来，例如当地的某家健身房风靡起来，一座新的基督教堂或犹太教堂流行起来，每个人都支持为建一所新的学校进行投票。

所有这些都是社会传播的例子，其中产品、思想和行为会通过人进行传播。这些事物开始时只被几个人或几个组织所知，然后却像病毒一样传播开来，并且往往是通过人际传播的。上述的百元三明治就是一种烧钱的疯狂病毒。

不过，我们虽然很容易就能找到社会传播的例子，但要想让某种事物流行起来却很难。即使在营销和广告上投入大量金钱，能够流行起来的事物也是少之又少。大多数餐馆以关门告终，大多数企业以惨败收场，大多数社会活动都未能吸引公众的眼球。

为什么有些产品、思想和行为大行其道，有些却日渐式微？

某些产品和思想流行起来的一个原因是它们比之前的版本好了那么一点点。我们都倾向于更好用的网站、更有效的药物，以及严谨、正确的科学理论。所以，每当出现了功能更强或更好的事物，人们就会改弦易辙。还记得以前的电视和电脑屏幕多么庞大吗？它们相当笨重，你必须叫上几个朋友才能抬上一段楼梯，否则自己的后背就会有扭伤的危险。超薄液晶显示屏流行的一个原因就是它更具优势——不仅屏幕大，而且重量轻，不流行才怪。

产品能够流行的另一个原因是吸引人的价格。大多数人购物时都

引言 为什么会流行
Introduction: Why Things Catch On

希望少花点钱，这不足为奇。所以，如果有两种相似的竞争产品，那么便宜的往往会胜出。如果某个品牌打五折销售，那么也会促进销量。

另外，广告也是一个促进流行的因素。顾客只有知道了某种产品才会去购买，所以人们往往认为广告投入越多，产品也越可能畅销。想让人们吃更多的蔬菜吗？在广告上投入越多，看到广告的人就越多，买西兰花的人也会越多。

不过，虽然性能、价格和广告是促进流行的成功因素，但并不仅限于此。

拿"奥利维娅"（Olivia）和"罗莎莉"（Rosalie）这两个名字为例，两者都是给女孩取名的极好选择。"奥利维娅"在拉丁语中意为"橄榄树"，含义是丰硕、美丽与和平。"罗莎莉"源自拉丁语和法语中的"玫瑰"一词。两个名字长短差不多，英语里都以元音结尾，还都有朗朗上口的可爱昵称。每年都有数以千计的女孩被取名为奥利维娅或罗莎莉。

请想一想，你认识的人中叫这两个名字的女孩有多少个？你见过的人中，有几个叫奥利维娅，又有几个叫罗莎莉？

我敢打赌，你至少认识一个叫奥利维娅的女孩，但你认识的人中可能并没有叫罗莎莉的。如果你的确认识一个叫罗莎莉的，那么我敢肯定，你认识的人中会有好几个叫奥利维娅的。

我是怎么知道的呢？因为奥利维娅是一个更为流行的名字。例

疯传：让你的产品、思想、行为像病毒一样入侵（经典平装版）
Contagious: Why Things Catch On

如，2010年，美国出生的女婴中约有1.7万人被取名为奥利维娅，而只有492人被取名为罗莎莉。虽然罗莎莉在19世纪20年代较为流行，但是它从未达到奥利维娅近年来所创造的人气。

当人们试图解释奥利维娅为什么比罗莎莉流行时，性能、价格和广告这些我们熟知的因素都派不上用场了。两个名字没有孰好孰坏之分，且都是免费的，没有价格差异。另外，也没有任何广告试图说服人们给孩子取名为奥利维娅，更没有任何公司用这个名字打造自皮卡丘（Pokemon）以来那些热门的产品。

YouTube网站上的视频也一样。这些视频没有价格差异（都可以免费观看），也没有广告或营销推广。虽然有些视频拍摄水平很高，但是大多数像病毒一样疯传[2]的视频都是业余人士用廉价照相机或手机

---

[2] 本书所使用的"病毒"一词指更有可能从一个人传至另一个人的某种事物。传染病是一个很好的类比，但仅限于一定的程度。传染病虽然可以从一个人传至另一个人，但关键在于传播链的预期长度。一个人很容易最先染上某种传染病，并将之传给他人。然后，这些人又传染了更多的人，并如此发展下去。就因为最开始患病的那个人，最后很多人都感染此病。然而，这么长的传播链对于产品和思想而言也许并不常见（戈尔、沃茨、戈尔茨坦，2012）。人们常常和他人分享某些产品或思想，但是一个人产生极长的传播链的可能性很小。所以，举个例子，如果我说做某件事会让某种产品或思想像病毒一样传播开来，那么我是指它更可能从一个人传至另一个人，而不管它最后能否产生很长的传播链或"传染"所有人。

引言 为什么会流行
Introduction: Why Things Catch On

拍摄的，画面有些模糊不清，甚至没有对准焦点。

如果性能、价格和广告无法解释为什么一个名字比另一个更流行，为什么某个YouTube视频会拥有更高的点击量，那么原因究竟何在呢？

社会传播

上述现象的原因就在于社会影响和口口相传。我们喜欢和身边的人分享故事、新闻和其他信息。我们会和朋友谈论迷人的旅游胜地，跟邻居讲述划算的购物经历，与同事八卦可能即将开始的裁员。我们会在网上发表电影评论，在朋友圈分享各种传闻，在微博上公布刚刚吃过的美食。人们每天会分享超过1.6万字的信息，每小时都有1亿多句对话在谈论品牌。

不过，口口相传不仅时常发生，还很重要。别人在朋友圈分享的事物或亲口告诉我们的信息会对我们的想法、做法，以及阅读和购买习惯产生很大的影响。我们会浏览邻居推荐的网站，阅读亲戚给予好评的图书，下载同学谈论的APP，投票给朋友支持的候选人。在所有的行为和购买决定中，有20%到50%背后的主要驱动因素都是口口相传。

疯传：让你的产品、思想、行为像病毒一样入侵（经典平装版）
Contagious: Why Things Catch On

所以，社会影响对产品、思想和行为的流行起着至关重要的作用。一位新顾客的口口相传可以为餐馆提高大约200美元的营业额。亚马逊网站上的一个五星评论会比一星评论多卖出20本书。如果一位医生所认识的同行都给患者开了某种药物，他就更可能随波逐流。如果朋友戒烟，我们就很可能效仿；如果朋友肥胖，我们就也可能跟着一起"发福"。实际上，虽然传统广告还有一定的用处，但是人们口口相传的效果至少要比广告强十倍。

口口相传比传统广告更有效，主要原因有两点。首先，口口相传更有说服力。广告通常会告诉我们产品有多好，你肯定听过"十位牙医中有九位都会推荐×××"或"没有哪种洗衣粉的去污力会像×××那样强"，这样的广告比比皆是。

不过，正是因为广告总是宣扬某种产品是最好的，所以并不可信。难道真的只有×××牙膏和×××洗衣粉才是最好的吗？其他产品就不好吗？

但是，朋友却不一样，他们会对我们坦露实情。如果他们认为×××牙膏很好，就会如实相告，但如果它的味道很糟糕或未能让牙齿变白，那么朋友也不会有所隐瞒。因为朋友的客观和坦率，我们会更信任他们、倾听他们的诉说，并相信他们所言属实。

其次，口口相传的针对性更强。公司打广告时，会尽可能覆盖最

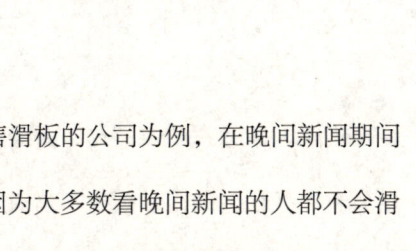

引言 为什么会流行
Introduction: Why Things Catch On

大数量感兴趣的客户。以一家销售滑板的公司为例,在晚间新闻期间插播广告很可能没有什么效果,因为大多数看晚间新闻的人都不会滑雪。所以,这家公司可以选择在滑雪杂志上或著名滑雪场的门票背面刊登广告。不过,虽然这样做能够保证大多数看到这则广告的人都喜欢滑雪运动,但这家公司最后还是浪费了金钱,因为这些人大多不需要新的滑板。

但口口相传不同,它面向的群体都是感兴趣的人。我们不会和所有认识的人分享某个信息或推荐某个产品;相反,我们会选择我们认为与这个信息或产品最相关的那些人。如果我们知道某个朋友不喜欢滑雪,就不会和他谈论自己购买的新滑板。我们也不会告诉没有孩子的朋友换尿不湿的诀窍。口口相传的对象一般都是对所谈之物感兴趣的人。经朋友推荐的客户会花钱更多、购物更快,在整体上会为卖家带来更多的利润,就是这个道理。

几年前,我碰到了一个绝佳例证,可以说明为什么口口相传有助于商家锁定目标客户。我经常会收到出版商赠送的免费图书,这些书大多与营销有关。他们的算盘是,送我一本免费的图书,我很有可能会推荐我的学生去阅读(这会大大提高图书的销量)。

但是,当时一家出版商略微改变了策略,送了我两本同样的书。

如果我没有搞错的话,那么只要我读了第一本,就不会再读第二

011

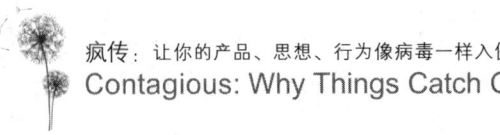
疯传：让你的产品、思想、行为像病毒一样入侵（经典平装版）
Contagious: Why Things Catch On

本。但是，出版商心里却打着另外一个算盘。他们随书寄来的一张短笺解释了他们为什么认为这本书对学生有益，还提到他们之所以寄了两本，是因为这样我就可以把其中一本送给可能感兴趣的同事了。

口口相传就是这样帮助商家锁定目标的。他们没有给所有人送书，而是选择了我这样的人帮助他们定位目标客户。收到两本书的人就像探照灯一样，会搜索自己的社交网络，找到最可能对此书感兴趣的人，然后将之双手奉上。

如何制造口碑效应

你知道口口相传的最佳优势是什么吗？答案是人人皆可使用。从努力提高业绩的世界500强企业到想招揽顾客的街角餐馆，从开展反肥胖运动的非营利机构到希望成功当选的政坛新手，口口相传都颇具价值。它能够掀起流行的浪潮，甚至可以帮助B2B公司在已有客户的基础上发展新的客户。同时，口口相传并不需要掷重金打广告，它只要让人们开口即可。

不过，问题就在于如何让人们口口相传呢？

从创业者到崭露头角的新星，每个人都将社交媒体视为未来的趋

引言 为什么会流行
Introduction: Why Things Catch On

势。他们将脸书、推特、YouTube等渠道当作打造粉丝团和吸引客户的方式。各大品牌公司会在社交媒体上刊登广告，胸怀抱负的音乐人会上传自己的作品，小企业也会公布自己的经营项目。公司及其他组织都在拼命追赶口碑营销的潮流。逻辑很简单，如果能够让人们谈论它们的创意，或分享它们的内容，这些创意或内容就会像病毒一样在社交网络上传播开来，同时它们的产品或思想将在瞬间风靡起来。

但是，这种方法有两个问题：焦点和执行力。

请快速回答下面这个问题：你认为网上的口口相传所占的比重有多大？换句话说，你认为通过社交媒体、博客、电子邮件及论坛进行的交流，在人们所有的聊天中占有多大比重？

大多数人可能猜测有50%或60%左右，有人可能会猜70%，也有人觉得会很少。不过，在问过数百名学生和管理人员后，我发现大家给的平均答案大约为50%。

这一数值是说得通的，毕竟，社交媒体近年来发展得极为迅速。每天都有无数人在使用这些社交媒体网站，每个月都有无数条信息被分享。科技让人们更快、更容易地与更多人分享信息。

但是，50%这一猜测是错误的。

甚至，它离正确答案相差甚远。

实际比重只有7%——不是47%，也不是27%，而是7%。美国口

013

疯传：让你的产品、思想、行为像病毒一样入侵（经典平装版）
Contagious: Why Things Catch On

碑营销研究咨询公司凯勒·费伊集团（Keller Fay Group）的研究显示，只有7%的口口相传发生在网上。

大多数人听到这一数值时，都会惊愕不已。人们反驳道："这也太低了，我们在网上可是倾注了大量的时间！"的确，人们上网的时间很长，据估计平均每天大约两小时。但是，别忘了，人们在线下的时间更长，几乎是线上时间的八倍还多。这就为线下聊天创造了更多的时间。

我们会高估网上的口口相传，还有一个原因就是它们更显而易见。社交媒体网站记录着我们在网上分享的所有视频剪辑、评论及其他内容，查看这些记录十分方便。所以，当我们看到这些记录时，就会认为网上的交流似乎很多。但同样是这段时间，我们的线下交流虽然很多，却因为没有记录，我们便没有在意。例如，午餐后与苏珊的聊天，等孩子放学时与汤姆的交谈，都没有任何记录。不过，这些对话虽然没有那么显而易见，却对我们的行为影响重大。

另外，虽然有人认为网上的口口相传波及的范围更广，但实际上并不总是如此。虽然网上聊天可能会触及更多的人，毕竟面对面的谈话往往是一对一的或在小范围内进行，而推特或脸书的状态更新平均会发送给一百多人，但是并非所有的信息接收者都会查看任何一条信息。实际上，铺天盖地的网络信息已经让所有人应接不暇，人们根本

014

引言 为什么会流行
Introduction: Why Things Catch On

没有时间查看每条信息更新或推送。例如，我在我的学生中做了一项调查，结果显示：他们在网上发一条信息，只有不到1/10的朋友会回复，而微博的回复就更少了。网上交流的确可以覆盖更多的人群，但是线下聊天也许更为深入，所以社交媒体究竟是不是口碑营销更好的选择还很难说。

因此，社交媒体的大肆炒作带来的第一个问题就是，制造传播的人会忽视线下交流的重要性，即使线下交流更为普遍，甚至比线上交流更具影响力。

第二个问题是，社交平台只是科技，而非战略。口碑营销只有在人们真正开谈之后才会有效。例如，公共卫生官员每天都可以发一条鼓励安全性行为的微博，但是如果没有人转发，就会以失败告终。只发篇文章或发条微博，并不意味着任何人都会注意到某条信息或将其传播开来。YouTube上50%的视频点击量不足500次，只有1/300的视频点击量超过百万次。

想要利用口口相传的力量，不管是线上还是线下的，都需要了解人们为什么会谈论某些事物，以及为什么某些事物会被更多的人谈论和分享。这就涉及有关分享的心理学知识及社会传播这门科学了。

下次，当你在聚会上与人聊天或和同事吃饭时，可以想象自己变成一只趴在墙上的苍蝇，正在偷听人们的谈话。你会发现，有人会

015

疯传：让你的产品、思想、行为像病毒一样入侵（经典平装版）
Contagious: Why Things Catch On

谈论一部新的电影或说某位同事的闲话，有人会讲述旅行中的新奇见闻，有人会提到某人生了孩子，或者抱怨天气热得反常。

人们会谈论任何事情。人们可能讨论的话题、想法、产品和故事有成千上万个，而人们为什么单单选择其一或其二呢？为什么某个故事、电影或同事会被谈论，而非其他呢？

有些故事更具传染力，有些流言传播性更强。有些网络信息会被疯传，有些则无人问津。有些产品人人称道，有些则鲜为人知。为什么呢？究竟是什么让某些产品、思想和行为让人津津乐道呢？

这就是本书所讨论的内容。

一种常见的直觉是，想制造口碑效应，就要找对人。某些人就总是比其他人更具影响力。例如，马尔科姆·格拉德威尔（Malcolm Gladwell）在其著作《引爆点》（*The Tipping Point*）中表示，社会潮流由"一小群超常人士"引领，他称之为行家、联系人和推销员。还有人表示，"十个美国人中会有一个人告诉其他九个人如何投票、去哪里就餐及购买何物"。营销人员不惜重金寻找这些所谓的舆论领袖，让他们支持自己的产品。政治竞选活动的幕后策划也会寻找"有影响力的人"来支持自己的阵营。

这其中的道理是，那些特殊之人具有点石成金的能力。如果他们使用某种产品或谈论某种信息，这些事物就会流行起来。

但是，这种传统观点是错误的。我们都知道有些人颇具说服力，有些人交友广泛，但是在大多数情况下，这并不会让他们在传播信息或掀起潮流方面更有影响力。

另外，过于看重"信使"，我们就会忽视"信息"，而后者显然更能引发分享的潮流。

用笑话做个类比。我们每个人可能都有一些朋友，他们讲起笑话来更有感染力。只要他们讲笑话，所有人都会捧腹大笑。

但是，笑话也不尽相同。有些笑话不管谁讲都会很有意思。即使讲笑话的人完全没有幽默感，听笑话的人还是会放声大笑。具有传染力的内容就是如此——天生就具有广泛传播的特性，不管信使是谁、是否具有说服力，也不管他们的朋友寥寥无几，抑或遍布天下。

那么，什么样的信息才会让人们去主动传递呢？

社交媒体"大师"及研究口口相传的人已经做了很多猜想。一个较为盛行的理论是，病毒式传播的能力是完全随机的，即无法预测某段视频或信息会不会被很多人分享。还有人根据案例研究认为，网络上最风靡的视频要么很搞笑，要么主角很可爱（比如婴儿或猫咪），所以你通常会听到"幽默"或"可爱"是病毒式传播能力的重要影响因素。

但是，这些"理论"忽视了一点：很多搞笑或可爱的视频并没有

走红。的确有些关于猫的视频拥有几百万的点击量，但它们只是特例，而非常态。大多数类似视频的点击量只有区区两位数。

你还可能认为，比尔·克林顿（Bill Clinton）、比尔·盖茨（Bill Gates）、比尔·科斯比（Bill Cosby）都很有名，因此得出结论——把名字改成比尔乃通向名利之路。虽然最初的发现是对的，但得出的结论显然很荒唐。如果单纯研究病毒式传播的成功案例，我们就会漏掉一个事实：成功案例中的很多特点也存在于那些未能吸引任何人的内容中。要全面了解人们分享事物的缘由，必须同时研究成功和失败的案例，以及有没有哪些特征与成功更加相关。

与生俱来的口碑效应吗

现在，你可能会对自己说：太好了，有些事物的感染力的确更强。但是，能否让所有事物都像病毒一样传播，抑或有没有哪些事物天生就更具传播力？

智能手机往往比纳税申报单更令人兴奋，谈论小狗要比侵权法改革更有意思，好莱坞大片更是比烤面包机和搅拌机酷多了。

跟前者有关的商家是否会比后者更赚钱呢？是不是有些产品和思

引言 为什么会流行
Introduction: Why Things Catch On

想生来就更具传播力？或者，是不是任何产品或思想经过设计都能更具感染力？

汤姆·迪克森（Tom Dickson）正在找工作。他出生于洛杉矶，因为信仰摩门教，考入了盐湖城的杨百翰大学，并于1971年毕业，取得工学学士学位。毕业后，他来到了另一个城市。当时就业市场形势十分严峻，没有太多的机会可供选择。他唯一能找到的就是在一家生产宫内避孕器的公司工作。该公司生产的装置能帮助女性避孕，但避孕也可视为堕胎，这有违汤姆的摩门教信仰。一个摩门教信徒怎么能做这种工作呢？他认为该找份新的工作了。

一直以来，汤姆都对做面包情有独钟。他发现，市面上并没有物美价廉、磨面粉用的家用研磨机。此时，汤姆的工科背景派上了用场。他用一台价值十美元的真空马达随意拼凑出了一台研磨机，结果比当时任何机器磨出的面粉都要精细，并且价钱更低。

这台研磨机可谓质优价廉，于是汤姆开始大规模生产，生意也是红红火火。通过尝试不同的食品加工方法，汤姆对用途更普遍的搅拌机燃起了兴趣。很快他就搬回了犹他州，建立了自己的搅拌机公司。1995年，他生产了自己的第一台家用搅拌机。1999年，布兰泰（Blendtec）公司应运而生。

不过，虽然这款产品很好，但是没有人真正了解它，产品的知晓

疯传：让你的产品、思想、行为像病毒一样入侵（经典平装版）
Contagious: Why Things Catch On

度很低。2006年汤姆开始聘用乔治·赖特（George Wright）为市场总监。乔治也毕业于杨百翰大学，后来他曾开玩笑说，他前一家公司的营销预算比布兰泰公司的总收入还要高。

刚到布兰泰公司不久，有一天，乔治发现工厂的地面上有一堆碎屑。他很纳闷，并没有什么建筑在施工，那么发生了什么事呢？

原来是汤姆在工厂里试图弄坏搅拌机，并且他每天都这样做。为了检验布兰泰搅拌机的耐用性和力度，汤姆会把小木板或其他东西塞进搅拌机，然后启动搅拌机，地上的碎屑就是这么来的。

乔治忽然想到一个方法，可以让汤姆的搅拌机迅速走红。

乔治用仅仅50美元的预算（不是5000万美元，甚至不是5万美元），购买了弹珠、高尔夫球和一把耙子。他还给汤姆买了一件白大褂，就像实验室里科学家穿的那种。之后，他用摄像机对准汤姆和一台搅拌机，并让汤姆把他买的那些东西放入搅拌机，就像他之前往里塞木板一样，看看这些东西能否被搅碎。

设想一下，抓一把弹珠，扔到家用搅拌机内。这些弹珠不是那种廉价的塑料或黏土做成的弹珠，而是实实在在的弹珠。这些半英寸（1英寸约等于2.54厘米）直径的小圆球是由玻璃制成的，质地坚硬，就算汽车压过去都安然无恙。

汤姆是这样做的：他把50个弹珠放到搅拌机内，按下慢搅拌按

020

引言　为什么会流行

Introduction: Why Things Catch On

钮。弹珠在搅拌机内剧烈地弹跳，发出啪啪啪的响声，就像冰雹砸在车顶一样。

汤姆等了15秒钟，然后按下停止按钮。他小心翼翼地打开盖子，随即一股白烟腾起，那是玻璃粉末。所有的弹珠都已化为精细的粉末，如面粉一般。搅拌机并没有因为粉碎弹珠而毁坏，以此彰显了自己的威力。接着，高尔夫球被磨成了粉末，而耙子也变成了一堆碎片。乔治把这段视频放到了YouTube上，然后双手合十，祈求好运。

乔治的直觉是对的，人们啧啧称奇。大家非常喜欢这段视频，并惊叹于这台搅拌机的威力，称赞它"简直太棒了"，可谓"终极搅拌机"。有些人甚至不相信自己的眼睛，还有人想知道这台搅拌机还能搅碎什么东西。电脑硬盘？武士刀？

仅仅一个星期，这段视频就被点击了600万次。汤姆和乔治成功地创造了一次病毒式传播。

汤姆并未止步，他继续搅拌其他东西，例如比克打火机、任天堂Wii游戏手柄等。他还尝试了搅拌荧光棒、贾斯汀·比伯（Justin Bieber）的CD，甚至还有iPhone。布兰泰搅拌机不仅成功地毁坏了这些东西，其系列视频《这个，能搅碎吗？》（Will It Blend？）的点击量更是超过3亿次。两年内，该搅拌机的零售额增长了6倍，而每段视频的制作经费顶多有几百美元。而该产品似乎也不具备口口相传的

021

价值，它只是一台激不起人们兴趣的普通搅拌机，却为什么会疯传呢？

布兰泰搅拌机的故事说明了具有疯传潜质的内容的关键一点：传播力并非与生俱来的，而是后天培育的。

这确实是条好消息。

有些人很幸运，他们的想法或方案不费吹灰之力就能让人兴奋、引领潮流。

但是，正如布兰泰搅拌机的故事所示，即使普通的日常产品和思想也能让人们口口相传，只要想出正确的方式即可。不管产品或思想看起来多么普通或没有新意，总有方法能够使之像病毒一样传播开来。

那么，该如何设计产品、思想和行为，才能让人们口口相传呢？

我与研究社会影响的缘分

我并没有直接踏上研究社会流行因素的道路。

我的父母并不主张用糖果或看电视来奖励孩子，相反，他们会给我们教育奖励。记得有一年暑假，我因为得到了一本有关逻辑问题的书而异常兴奋。之后的几个月，我都沉浸在这本书中不断地探索。这

引言　为什么会流行
Introduction: Why Things Catch On

些经历培养了我对数学和科学的兴趣。高中时，我做过一项有关城市水文学（溪流流域组成对流域形状的影响）的研究，因此上大学后我认为自己会成为一名环境工程师。

但是，大学期间发生了一件有意思的事。当我学习"很难"的理科时，我开始思考能否用这些工具研究复杂的社会现象。我一直很喜欢观察人类，偶尔碰巧看会儿电视时，我更喜欢看广告，而非其他节目。我意识到，与其只是抽象地思考人类的行为，不如运用科学方法找出答案。生物学和化学所使用的研究工具可能也有助于了解社会影响和人际交流。

于是我开始研修心理学和社会学课程，并开始研究人们如何看待自己和他人。几年后，我的祖母寄给我一份书评，她认为我会对此书感兴趣。这本书就是《引爆点》。

我很喜欢这本书，阅读了我能找到的所有相关资料。但是，有一个问题一直让我很费解。这本书的思想很强大，但主要以描述为主。的确，有些事物流行了起来，但是原因何在呢？是哪种潜在的人类行为会出现这样的结果？书中很多有趣的问题都有待解答，而我决心找到这些问题的答案。

博士毕业后，我做了十几年的研究，并且得到了一些答案。我目前的工作是在宾夕法尼亚大学沃顿商学院担任市场营销学教授。过去

023

疯传：让你的产品、思想、行为像病毒一样入侵（经典平装版）
Contagious: Why Things Catch On

十多年的时间里，通过与许多卓越的人合作，我研究了以下这些问题及相关的很多问题：

● 为什么《纽约时报》的某些文章或YouTube上的某些视频会像病毒一样传播呢？

● 为什么某些产品赢得了更多的口碑？

● 为什么某些信息会街头巷尾地传播开来？

● 某些人名何时流行或消亡，以及原因是什么？

● 负面宣传何时会提高或降低销量？

我们分析了数百年来的人名、上千篇《纽约时报》的文章，还有几百万个购车交易。我们花了几千个小时进行收集、整理、分析，包括品牌、YouTube视频、都市传闻、产品评论及面对面的交谈，等等。所有这一切都是为了了解社会影响及某些事物流行起来的缘由。

几年前，我在沃顿商学院开了一门课，名叫"疯传"。目的很简单，不管从事营销、政治、工程，还是公共卫生行业，你都需要了解如何让产品、思想和行为火起来。品牌经理希望自己的产品获得更多人的青睐；政治家希望自己的想法在所有人中传播开来；公共卫生官员希望人们亲自烹饪，不要选择快餐食品。数不胜数的本科生、工商

引言　为什么会流行
Introduction: Why Things Catch On

管理学硕士和公司高管都选择了我的这门课，试图了解社会影响如何引领产品、思想和行为走向成功。

我常常会收到一些不能上这门课的人发来的邮件。他们从朋友那儿听说了这门课，很喜欢课程内容，但是要么时间冲突，要么未能及时了解开课时间。所以，他们问我有没有哪本书可以让他们弥补未能学习的课程。

当然，我可以推荐很多书供他们阅读，《引爆点》就是其中之一。但是，虽然这本书讲述的案例很有趣，可出版于很多年前，而这门科学已经有了很大的发展，所以书中内容不乏有些过时。奇普·希思（Chip Heath）和丹·希思（Dan Heath）的《让创意更有黏性》（*Made to Stick*）我也很喜欢（透露一下，奇普·希思是我研究生时的导师，正所谓"有其师必有其徒"）。此书将有趣的故事及有关认知心理学和人脑记忆的学术研究编织在一起。不过，虽然这本书聚焦于让创意"更有黏性"，即让人们记住这些创意，但是并没有说明如何让产品和创意传播开来，或让人们口口相传。

因此，每当别人让我推荐一些读物来了解口口相传的原动力时，我总会让他们阅读我和别人在该领域发表的一些学术论文。这些询问的人免不了发邮件表示感谢，但希望能有些"更容易理解"的资料。换句话说，他们需要一些严谨的资料，但又不要像学术杂志上满篇术

025

语的文章那么枯燥。他们希望能有一本书可以提供一些基于科学研究得出的结论，以便真正了解事物流行的原因。

本书即是如此。

疯传六原则

本书将会为你揭开事物传播开来的内在原因。这里的"事物"指故事、新闻和信息，具体包括产品和思想、信息和视频，以及人类行为。从当地公共广播电台的筹款活动，到我们想要教给孩子的安全性行为知识，都包括在内。这里的"传播"指可能传播开来，即通过口口相传和社会影响由一个人传至另一个人，被顾客、同事、朋友谈论、分享或模仿。

在研究过程中，我们发现在一系列具有传播力的事物中，有一些共同的主题或属性，也可以称之为让产品、思想和行为更可能流行起来的秘诀。

以《这个，能搅碎吗？》及巴克莱首厨的百元牛肉芝士三明治为例，这两则故事都激起了某些情绪，比如惊奇或赞叹。谁会想到一台搅拌机能搅碎iPhone呢？谁会想到一份牛肉芝士三明治标价100美元

引言　为什么会流行
Introduction: Why Things Catch On

呢？两则故事都非同寻常，能让传递该信息的人显得很酷。另外，两则故事提供的都是有用的信息：知道哪个产品性能好或哪家餐馆菜品好吃，终归不无用处。

正如想让食物变甜可以加糖，我们也一直在寻找让广告风靡、新闻疯传和产品流行的相同要素。

通过分析成千上万具有传播力的信息、产品和创意，我们发现其中有六个要素或原则往往能起到积极的作用。我将这些促使人们谈论、分享并模仿的原则称为疯传六原则或六个重要"步骤"，英文缩写为"STEPPS"。

原则一：社交货币（Social Currency）

社交货币是如何促使人们谈论某个产品或创意的呢？大多数人都希望自己看起来聪明而非愚笨，富有而非贫穷，讨人喜欢而非令人生厌。就像我们身上的衣服和驾驶的汽车一样，我们所谈之物也会影响别人对我们的看法。这就是社交货币。知道一些很酷的事情，比如能够搅碎iPhone的搅拌机，会让人们看起来很酷、消息很灵通。所以，想让人们开口谈论，我们需要设计出一些信息，以帮助人们达到心中渴求的形象。我们需要找到内在的非凡之处，以让人们觉得自己仿佛是业内人士。我们需要利用游戏机制，以让人们能够获得或表现出地

疯传：让你的产品、思想、行为像病毒一样入侵（经典平装版）
Contagious: Why Things Catch On

位的象征，更要让他人看到。

原则二：诱因（Triggers）

我们如何提醒人们谈论我们的产品和创意呢？诱因是指能够促使人们想到相关事物的因素。比如，果酱能让我们想到面包，"狗"这个字能让我们想到"猫"。如果你住在费城，看到普通的牛肉芝士三明治就可能会想到巴克莱首厨价值百元的三明治。人们往往会谈论自己想到的事情，所以越经常想到某种产品或创意，就越会谈论到某物。我们需要设计出能通过周边环境让人常常想起的产品和创意，并创造新的诱因，使我们的产品和创意与环境中较为普遍的线索联系在一起。总而言之，人们心中总想着的事情往往会随口说出来。

原则三：情绪（Emotion）

因为在意，所以分享。那么，我们如何才能创造出触动人们心弦的信息和创意呢？具有传播力的事物会自然激发人们的某种情感。搅碎iPhone会让人惊讶不已，增加税收会让人怒发冲冠。人们往往会分享那些触动他们情感的事物。所以，我们不要在性能上喋喋不休，我们需要关注情感。不过，正如后文我们将会谈到的，有些情感会激发人们分享的欲望，有些则反其道而行之。所以，我们要激发的是正确的情感，我们要点燃情绪之火。不过，有时即使是负面的情绪，兴许也会带来正面的效果。

原则四：公开性（Public）

有人使用我们的产品或做出我们所希望的举动时，其他人能看到吗？"有样学样"不仅概括出人们喜欢模仿的倾向，还告诉我们，人们很难模仿自己看不到的事情。凡事越醒目，就越容易模仿，流行起来的可能性就越大。所以，我们要让我们的产品和创意被更多的人看到，我们设计的产品、提出的倡议要有自我宣传的能力，即使产品被人购买或倡议得到支持后，仍会继续影响人们的行为。

原则五：实用价值（Practical Value）

我们能否创造出看似有用的事物？人人都有一颗喜欢帮助他人的心，如果能让人们看到某个产品或创意能够省时、省钱或有益健康，人们就会将之传扬开来。但是，鉴于人们已被铺天盖地的信息所包围，我们必须让自己的信息脱颖而出。我们要知道如何能让人们购买自己的产品看上去是一单极好的交易，我们要突出所售产品的奇特价值——价钱或其他方面均可。同时，我们还要融入我们的知识和专长，这样人们才能轻而易举地将之传播开来。

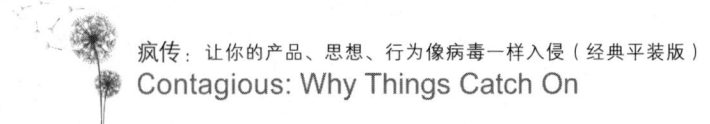

原则六：故事（Stories）

我们可以把我们的创意编进什么样的故事中呢？人们不仅会分享信息，还会讲故事。正如史诗中的特洛伊木马传说，故事就像容器，可以盛载寓意和教训。信息会潜藏在闲聊中进行传播。所以，我们要打造自己的特洛伊木马，把我们的产品和创意嵌入人们愿意讲述的故事中。不过，我们要做的不仅是讲一个好听的故事，还要让传播具有价值，让我们要传播的信息成为故事不可分割的一部分，以便人们讲述时不得不提到它。

这就是疯传的六个原则：产品或创意富含**社交货币**，有**诱因**并能激发**情绪**，具有**公开性**和**实用价值**，然后融合到一个**故事**中。本书的每一章将聚焦一个原则，既有科学研究，也不乏实例，以说明每个原则背后的科学之处，以及个人、公司和组织如何应用这些原则，来为产品、思想和行为的疯传推波助澜。

这六个原则可以用英文首字母表示，即"STEPPS"。我们可以把这些原则看成疯传的六个步骤。这些原则能够让创意口口相传，并最终大获成功。

人们谈论巴克莱首厨的百元牛肉芝士三明治，是因为这款三明治让人们拥有了社交货币、能够被诱发（费城到处都是牛肉芝士三明

引言 为什么会流行
Introduction: Why Things Catch On

治）、激发了人们的情感（十分惊讶）、具有实用价值（一个很好的就餐选择），并且编入了一个故事。

在信息、产品或创意中加强这些原则会让它们更可能传播开来，并步入流行之列。我希望按照这样的顺序排列这些原则，以便让大家更容易记住并应用开来。③

这本书主要考虑了两类（重叠的）读者。

你可能一直好奇为什么人们爱说长道短，为什么某些事物会被疯传，为什么世界充满了流言蜚语，抑或为什么总会有人在饮水机旁谈论某些话题。谈论和分享是人类最基本的行为。这些行为将我们联系起来，塑造我们，是我们人性之所在。本书阐明了社会传播学背后的心理学和社会学过程。

---

③ 想让一个产品或创意传播开来，六个原则并非缺一不可。但是，当然越多越好。不过，并不是说具有公开性的产品因为没有一个好故事就一定会失败，所以请不要把这些原则完全想象成一份菜谱，而要将其想象成一份美味的沙拉。就像科布沙拉常常由鸡肉、番茄、培根、鸡蛋、牛油果和芝士搅拌而成，但是只有芝士和培根的沙拉也很好吃。所以，疯传的这六个原则是相对独立的，你可以选择你想用的任何一个或组合。

有些原则更适用于某种创意或倡议；非营利性组织往往更注重触动人们的情感；对于实物产品或行为，突出可见性、公开性往往更容易。但是，想让事物具有传播力，往往要运用最初看似不可能的原则。耐用的搅拌机本身就具有实用价值，但是视频赋予搅拌机以社交货币，让人们看到一个看似普通的产品也有不凡的一面。

疯传：让你的产品、思想、行为像病毒一样入侵（经典平装版）
Contagious: Why Things Catch On

本书还是为那些想让产品、思想和行为流行起来的人设计的。每个行业的公司，不管大小，都希望自己的产品走俏。附近的咖啡店希望有更多的顾客，律师希望有更多的客户，电影院希望有更多的回头客，写博客的人希望有更多的点击量、被更多的人分享。非营利性机构、决策制定者、科学家、政治家及选民也有希望流行起来的事物或想法。博物馆希望有更多的参观者，动物收容所希望有更多的领养者，环保主义者希望有更多的人反对砍伐森林。

不管你是大公司的经理，还是希望提高知名度的小企业主，也不管你是竞选公职的从政者，还是着力宣传健康知识的卫生官员，本书都会告诉你如何让你的产品和创意更具传播力。书中提供了一个框架（"STEPPS"疯传六原则）及一套具体可行的方法，可以助力信息传播——精心设计故事、思想、广告和信息，以便让人们乐意分享，不管他们有10个朋友还是1000个朋友，也不管他们健谈、有说服力，还是安静腼腆。

本书涵盖的科学知识将告诉你，为何口口相传和社会传播会如此强大，以及如何使用这些知识将你的产品和创意引上成功之路。

第一章　社交货币

Chapter 1:
Social Currency

- ◆ 铸造新的货币
- ◆ 利用游戏机制
- ◆ 成为内部人士
- ◆ 小谈动机
- ◆ 能不告诉别人吗

疯传：让你的产品、思想、行为像病毒一样入侵（经典平装版）
Contagious: Why Things Catch On

纽约市汤普金斯广场公园附近有一处名叫圣马可坊街（St. Marks Place）的地方，这里高档住房和时髦小店琳琅满目。你会发现其中有一家小餐馆，门口的大招牌十分醒目，形如热狗，颜色绯红，用芥末黄写着"吃掉我"。走下一小段楼梯，你会发现一家古朴、简陋的热狗店。长长的桌子上摆放着你喜欢的各种佐料，你还可以在大型游戏机上玩电子游戏。当然，你来的目的是吃东西。

这家店供应17种不同的热狗，你可以想到的每一种法兰克福香肠都可以在这里吃到。"早上好"是一款外面裹着培根的热狗，上面淋有融化的芝士，外加一个煎蛋。"海啸"热狗则包含日式照烧、菠萝和青葱。你还可以点"纽约客"，这是一款经典的烤纯牛肉法兰克福香肠热狗。

从花格桌布看过去，一些追赶时髦的人们正在享用热狗。不过，你注意到角落那个拉风的木制电话亭了吗？像不像克拉克·肯特（Clark Kent）冲进去就会变成超人的那种房子？你一定会走过去窥探一番。

你会发现电话亭里面挂着一部古老的旋转式拨号电话，就是把手指伸进小洞里拨号的那种。你可以试着玩一下，比如拿起话筒，把手指放到数字2的洞里，顺时针拨动转盘，拨到头，然后松开手指。

这时你会大吃一惊，因为电话那头传来："您有预订吗？"

第一章　社交货币

Chapter 1: Social Currency

预订？你当然没有。热狗店角落里的电话亭能预订什么呢？

但是，今天你显然撞了大运——他们愿意接待你。突然间，电话亭的后门敞开了——它竟然是一扇隐蔽的门！你被请入了一个名叫"别告诉别人"（Please Don't Tell）的秘密酒吧。

1999年，布莱恩·谢贝罗（Brian Shebairo）和他儿时的玩伴克里斯·安蒂斯塔（Chris Antista）决定进军热狗行业。两人在新泽西州长大，曾去过当地著名的热狗店Rutt's Hut和Johnny & Hanges。他们想把同样的热狗体验带到纽约市。两年的时间，他们骑着摩托在美国东海岸尝遍了最好吃的热狗，再加上自己的研发，布莱恩和克里斯一切准备就绪。2001年10月6日，他们在东村开了家热狗店，名为"克里夫热狗"（Crif Dogs），名字出自布莱恩之口。一天，他正津津有味地大口咀嚼热狗，想要喊克里斯的名字，结果听起来仿佛是克里夫，这个名字就这样诞生了。

克里夫热狗店一炮而红，赢得了很多美食杂志评选的最佳热狗奖。但是，随着时间的流逝，布莱恩希望寻找新的挑战，他想开一家酒吧。克里夫热狗店一直持有供应酒类的许可证，但尚未得到充分利用。要想做好酒类生意，他们需要更大的空间。热狗店隔壁是一家卖珍珠奶茶的，生意比较艰难。布莱恩的律师表示，如果他们能够拿下那个地方，就可以把卖酒许可证转过去。经过三年不懈的软磨硬泡，

疯传：让你的产品、思想、行为像病毒一样入侵（经典平装版）
Contagious: Why Things Catch On

邻居终于让步了。

但是，真正艰难的部分才刚刚开始。纽约市到处都是酒吧，在克里夫热狗店方圆四个街区的范围内，就有60多个可以喝酒的地方，有很多甚至还在同一个街区。所以，布莱恩心中那个想开一家摇滚酒吧的想法还不成熟，现实与理想相差甚远。他必须找到一个更吸人眼球的创意，一个可以让人谈论、极具吸引力的理念。

一天，布莱恩碰到了一个做古玩生意的朋友。要知道，在一个大型的露天跳蚤市场，你可以淘到任何东西，从花哨的梳妆台、80年代流行的眼镜，到可爱的毛绒猎豹，可谓包罗万象。那位朋友说，他弄到了一个古老、雅致的电话亭，时间可以追溯到20世纪30年代，他觉得这个电话亭可以在布莱恩的酒吧大派用场。

布莱恩眼前一亮，想到多年前的一件事。

布莱恩小的时候，叔叔是个木匠。除了帮人建造房屋或做其他木匠活，叔叔还在地下室盖了一间房子，房子有几个暗门。这些门是由一块木头与另一块木头啮合在一起的方式制成的，也没有多么隐蔽。如果你推到了正确的地方，就能进入一个秘密的储藏室。虽然储藏室里面没有江洋大盗或金银财宝，但还是让人觉得好玩极了。

想到这，布莱恩决定把这个电话亭改装成一扇通往秘密酒吧的大门。

第一章　社交货币
Chapter 1: Social Currency

有关"别告诉别人"这间酒吧的一切都表明，你知道了一个特殊的秘密：在街面上你根本找不到它的牌子，在广告牌或杂志上也看不到它的广告，这间秘密酒吧唯一的入口设在一家热狗店里半隐半藏的电话亭中。

你肯定会觉得这有些说不通。难道不是大肆的宣传、醒目的广告及易得性才是商业成功的基石吗？

"别告诉别人"从未做过任何广告。但是，自2007年开业以来，它一直是纽约市最受欢迎的酒吧之一。该酒吧只可预订当天的座位，预订专线每天下午三点整准时开通，座位实行先约先得的原则。预订的人一遍接一遍地按下重拨键，希望可以在忙音中接通电话。每天不到三点半，所有座位就被疯抢一空。

"别告诉别人"从不进行市场推广，也不会硬把你拉进酒吧，或用任何吸引你的方式来吸引你。它是一个经典的"探索品牌"。在这个酒吧负责鸡尾酒酒单的奇才吉姆·米汉（Jim Meehan）在设计顾客体验时，心中抱着一个不同的目标。他说："最有力的营销手段是个人推荐。没有什么比朋友体验后的大力举荐更具传播力了。"那么，还有什么会比看到两个人消失在电话亭里更惹人注意呢？

以防我还没有说清楚，现在告诉大家一个有关秘密的小秘密：秘密往往不会保持很长时间。

037

疯传：让你的产品、思想、行为像病毒一样入侵（经典平装版）
Contagious: Why Things Catch On

回想一下上次别人和你分享秘密的时候，你还记得他多么认真地乞求你别告诉任何人吗？你还记得你后来是怎么做的吗？

如果你和大多数人一样，那么你很可能转身便告诉了别人。事实证明，如果某事本属机密，那么人们更可能大加谈论。到底是什么原因呢？一切均源自社交货币。

人们愿意分享让他们脸上有光的事。

铸造新的货币

孩子都是小小艺术家。不管用蜡笔画画、把通心粉粘在画纸上，还是用废品制作一件精美的雕刻品，他们都沉浸在手工活动带来的快乐中。但是，孩子们不管做了什么作品，也不管在什么地方做的，只要一完成，就会做一件相同的事情——孩子们会把自己的小作品展示给别人看。

我们的一生都离不开分享。我们会告诉朋友自己新买了一件衣服，我们会让家人欣赏自己将要投给当地报社的专栏文章。分享想法、观点和经历的欲望，是社交媒体和社交网络如此流行的原因之一。人们在博客上谈论自己的喜好，在脸书上分享中午吃了什么，在

第一章 社交货币
Chapter 1: Social Currency

推特上吐槽政治热点。正如很多观察家所说,如今沉迷于社交网络的人似乎无法停下来,无法不去分享自己的所思、所想、所爱。

实际上,研究发现,人们分享的内容中超过40%都是关于个人经验或个人关系的。同样,约一半的微博都以"我"为中心,爆料自己正在干什么或经历的过往云烟。为什么人们如此热衷于谈论自己的看法和经历呢?

并不只是虚荣心在作怪,实际上我们生来就觉得这样做会让人心情舒畅。哈佛大学神经科学家杰森·米切尔(Jason Mitchell)和戴安娜·塔米尔(Dianna Tamir)发现,分享自己的故事从本质上讲是对人有益的。在一项研究中,米切尔和塔米尔将被试与脑部扫描仪相连,然后让他们分享自己的观点或看法(比如"我喜欢滑雪"),或者他人的观点或看法(比如"他喜欢小狗")。两位神经科学家发现,分享个人观点所激活的大脑回路与食物和金钱等奖励激活的区域相同。所以,谈论周末干了什么与吃一口美味的双层巧克力蛋糕一样怡人。

人们十分醉心于分享自己的看法,甚至愿意为此花费金钱。在另外一项研究中,米切尔和塔米尔让被试完成一项回答大量选择问题的试验。这些问题都比较简单,比如:"你有多喜欢吃三明治?"每回答完一个问题,被试可以选择静静等待几秒钟再继续下一个问题,或选择与他人分享。他们快速完成了数百个试验。但是,为了让研究更

疯传：让你的产品、思想、行为像病毒一样入侵（经典平装版）
Contagious: Why Things Catch On

为有趣，米切尔和塔米尔规定，选择等待或分享的人可以获得不同的奖励。在一些试验中，被试如果选择等待，就可以多得一些报酬；在另外一些试验中，被试如果选择分享，就可以多得一些报酬。

结果是被试愿意为了分享个人观点而放弃金钱。总体而言，他们愿意为了分享而少获得25%的奖励。与什么都不做地等待5秒钟相比，他们认为分享观点其实一分钱都不值。这一发现颠覆了一句古老的谚语，也许"我们不应该奖赏分享观点的人，而应该奖赏倾听之人"。

我们现在已经很清楚，人们喜欢谈论自己。但是，人们为什么喜欢谈论其中的一些想法和经历，而非其他呢？

请花一分钟时间和我玩个游戏吧。我首先为你提供一条信息：我的同事卡拉平时开一辆小型货车。关于她的故事，我可以告诉你很多。但是现在我想知道，单凭她开一辆小型货车这一事实，你能推论出多少信息？卡拉年方几何？22岁？35岁？还是57岁？虽然你不认识卡拉，不过还是请你凭经验猜一猜吧。

她有孩子吗？如果有，那么她的孩子喜欢运动吗？而且你知道她的孩子喜欢什么运动吗？

你脑中有了答案之后，我们再来谈谈我的朋友托德。他真是一个挺酷的家伙，留了一个形似马鬃的莫霍克发型。你觉得他喜欢什么？年龄多大？喜欢什么音乐？在哪里购物？

040

第一章 社交货币
Chapter 1: Social Currency

我和很多人玩过这个游戏，结果往往如出一辙。大多数人认为，卡拉介于30到45岁之间。所有人——是的，百分之百的人——认为她有孩子，而且不止一个。大多数人认为，她的孩子们喜欢运动，几乎所有人都猜想足球是孩子们的最爱。这一切猜想均源自一辆小型货车。

再来看看托德。大多数人认为，他介于15岁到30岁之间。绝大多数人猜测，他喜欢某种前卫的音乐，可能是朋克、重金属或摇滚音乐。并且，几乎所有人都认为，他喜欢买潮牌服装或经常在那些卖滑板或溜冰鞋的商店流连。这一切猜想均源于一个发型。

要知道，托德不一定喜欢听前卫的音乐或购买潮牌服装。他可能今年53岁，爱听贝多芬的音乐，在任何一个他喜欢的店里买衣服。他要是想买条斜纹牛仔裤，盖璞（Gap）①也是个不错的选择。

卡拉也是一样。她可以是一个22岁的朋克女孩，喜欢敲鼓，认为养孩子是无聊的中产阶级的专利。

但问题是，我们并不会这样想卡拉和托德。我们会做出相似的猜测，因为我们认为选择代表着身份。卡拉开着一辆小型货车，所以我

---

① 美国最大的服装公司之一，全球知名大众休闲服装品牌。——译者注

疯传：让你的产品、思想、行为像病毒一样入侵（经典平装版）
Contagious: Why Things Catch On

们猜测她是一位足球妈妈②。托德留着莫霍克发型，所以我们猜测他是一个年轻的朋克。我们会根据人们开的汽车、穿的衣服、听的音乐对他们下一番定论。

人们所谈之物同样会影响别人对他们的看法。在聚会上讲个幽默的笑话，别人会觉得我们很风趣。知道昨天晚上的重磅新闻或明星舞会的所有信息会让我们看起来很酷或无所不晓。

所以，人们喜欢分享让自己看起来有趣而非无聊的事情、聪明而非愚笨的事情、时髦而非过时的事情，这没有什么奇怪的。想一想，上次你准备分享一件事时，最后为什么会不了了之？你取消分享的原因可能是这件事会让你（或别人）脸上无光。我们会谈论自己在市中心最火的餐馆订到了席位，而会略过我们住的宾馆正对着一个停车场；我们会谈论自己所买的照相机或手机是网红爆款，而会对我们把笔记本电脑买贵了这件事避而不谈。

口口相传是打造良好形象的最佳工具，就像高档车或普拉达（Prada）提包一样，我们可以把它看作一种货币——社交货币。正

---

② 足球妈妈（Soccer Mom），最初用来描述那些开车载孩子去踢足球并在一旁观看的妈妈们。媒体有时候会把这类女性描述为忙碌或不堪重负的妈妈们，并且她们时常开一辆小型货车。此外，足球妈妈给人的印象是把家庭的利益，尤其是把孩子的利益看得比自己的利益更重要。——译者注

042

第一章　社交货币
Chapter 1: Social Currency

如人们可以用金钱购买产品或服务一样，人们也可以用社交货币在家人、朋友和同事心中留下他们想要的正面印象。

所以，要想让人们竞相谈论某物，公司和组织就需要铸造社交货币。也就是说，在推广产品和创意的同时，要帮助人们留下良好印象。有三种方法可以做到这一点：（1）找到内在的非凡之处；（2）利用游戏机制；（3）让人们觉得自己是内部人士。

假设今天很闷热，你和一个朋友在一家便利店停下来，准备买点喝的。你已经喝够了碳酸汽水，但也不想喝寡淡无味的纯净水，最好有一种口味清淡又提神醒脑的饮料。你扫视货架，一瓶粉红色的斯纳普牌（Snapple）柠檬味饮料映入眼帘。你拿起它到收银台付了账。

一走出便利店，你便拧开瓶盖，咕咚咕咚喝了几大口，真是神清气爽。你正准备进朋友车里时，发现瓶盖里面写着："事实27：玻璃球比橡胶球弹得高。"

噢，真的吗？

你可能很惊讶（毕竟，谁会知道玻璃球还能弹很高呢？），但是对于这条新发现的信息，你接下来会怎么做呢？你会将之深埋心中，还是会告诉朋友？

马克·鲁宾斯坦（Marke Rubenstein）是斯纳普广告代理公司的执行副总裁。2002年，他试图构思新的方法来吸引斯纳普顾客的兴

趣。斯纳普因之前古怪的电视广告而被人们所熟知。这个广告的主角是斯纳普小姐（Snapple Lady），一个普通的中年女士，操着浓重的纽约口音，负责给斯纳普的粉丝回信。其实，她就是斯纳普的一名普通员工，来信有的是寻求约会建议，有的是请求斯纳普在敬老院办一个晚会。这一系列广告十分有趣，斯纳普希望新广告也一样与众不同。

在一次公司营销会议上，有人提出要对瓶盖里面的空间加以利用。斯纳普曾尝试在瓶盖里印笑话，但收效甚微。有的笑话真的很糟糕（比如"如果2号铅笔最受欢迎，那么为什么它还是2号呢？"），所以很难说失败的究竟是战略还是笑话。鲁宾斯坦及其团队在想，如果印上一些与众不同的事实——那些喝斯纳普饮料的人不知道或不知道自己想知道的事实，那么会不会更好呢？

于是，鲁宾斯坦及其团队列了一长串很有意思的事实，并开始印在瓶盖里，顾客只有购买之后打开瓶盖才能看到。

例如，事实12告诉人们，袋鼠不会往后跳；事实73表示，人的一生中等红绿灯的时间共计两个星期。

这些事实太有趣、太让人意想不到了，人们很难不与他人分享。等红绿灯要浪费两个星期的时间？太不可思议了！谁会做这种计算呢？想想这么长的时间，我们能做多少事?！如果你恰好和朋友一起

第一章 社交货币
Chapter 1: Social Currency

喝过斯纳普饮料，你就会发现大家会互相分享自己瓶盖里印着的事实，就像你和家人在中餐馆用餐后掰开福饼③的情形一样。

斯纳普印在瓶盖上的事实极具传播力，迅速成为流行文化的一部分。很多网站都开始刊登各种各样的事实，喜剧演员也在日常表演中用这些事实抖包袱。有些事实实在令人难以置信，人们甚至反复争辩它们的真实性。例如袋鼠不会往后跳似乎很不切实际，但却是事实。

你知道皱眉比微笑燃烧的卡路里更多吗？你知道蚂蚁能够举起超过自身体重50倍的东西吗？你可能并不知道。人们会分享斯纳普印在瓶盖上的这些事实，是因为它们太与众不同了。谈论这些非凡之事就是一种社交货币。

非凡之事是指不同寻常、离奇或值得关注的事情。有些事情可能会因其新颖、奇特、极端或有趣而与众不同，但非凡之事最重要的一点其实是值得谈论。知道玻璃球比橡胶球弹得高就颇具谈论价值，你一定会在谈话中提到这件事。

非凡之事能够提供社交货币，因为非凡之事会令谈论它的人更引人注目。有些人喜欢成为聚会的焦点，但绝对没有人愿意成为败兴之

---

③ 福饼（Fortune Cookies），又译签饼，是国外中餐厅的一种饭后小点心，掰开后里面有个小纸条，上面写着预示命运的句子。

045

人。我们所有人都希望自己招人喜欢，想要获得社会认可的欲望是人类最根本的动因。如果我们告诉别人一条精妙的斯纳普事实，我们就会更具吸引力。如果我们告诉别人一家热狗店里隐藏着一个秘密酒吧，我们就会看起来更酷。分享与众不同、新颖有趣的故事或广告，会让我们看起来更加与众不同、新潮和有趣，会让别人更愿意和我们交谈，更愿意邀请我们共进午餐或再次约会。

所以，非凡之事往往更易被人提起。我和沃顿商学院的一位教授拉古·延加（Raghu Iyengar）曾做过一项研究。从富国银行（Wells Fargo）和脸书等大品牌，到乡绅饭店（Village Squire Restaurants）和杰克·林克食品（Jack Link's）等小品牌，我们共调查了6500种产品和品牌，涵盖几乎你能想到的所有行业。我们让被试给每种产品或品牌的非凡性打分，然后分析他们的这些看法与谈论的次数有多大关联。

结论很明显，诸如脸书、好莱坞电影等更与众不同的产品或品牌，被谈论的次数几乎是富国银行、泰诺林等没那么特别的产品或品牌的两倍。其他研究也得出了类似的结论：更有趣的微博被转发的次数更多，文章越有趣或奇特，越有可能成为《纽约时报》通过邮件转发最多的文章。

因为与众不同，所以8岁女孩一字不差背诵饶舌歌词的视频被大

第一章　社交货币
Chapter 1: Social Currency

家竞相分享。因为与众不同，我姑姑转发给我一则这样的新闻：一只郊狼被汽车撞倒后卡在保险杠上，被拖行了300公里仍然存活。医生会更多地谈论某些患者，原因也是如此。每次急诊室接收一位遭遇特殊经历的患者（比如吞入异物），整个医院便无人不知。粉色代码（拐卖婴儿）会成为重大新闻，即使有时是虚假新闻，而蓝色代码（心脏停搏）则几乎无人提起。

非凡之事还会影响故事的发展脉络。伊利诺伊大学的心理学家招募了一组学生，名义上是研究这些学生的团队配合能力。这些学生的团队任务是在一起做一顿饭，他们被研究人员领到一间真正的厨房里。他们面前摆放着做饭所需的各种食材，一堆堆绿叶蔬菜、新鲜的鸡肉和肉质鲜美的粉色大虾正等待着学生们去处理。

这时候，有趣的事情发生了。研究人员悄悄藏在蔬菜和鸡肉里的一小窝令人毛骨悚然的蟑螂被学生们看到了！学生们尖叫着，躲得远远的。

待混乱的局面渐渐平息下来，一名研究人员表示，肯定有人和他们开了个玩笑，并很快取消了试验。但他并没有让学生们提早回家，而是建议他们参加另外一个正在隔壁房间进行的研究。

所有人都往隔壁走去的时候，另外一名研究人员和一个假扮学生的研究人员分别询问学生们刚才发生了什么事。

因为发起询问的人不同，学生们讲述的故事也不同。如果学生们想与询问者交谈，也就是说，如果他们想给别人留下深刻印象，而非简单地汇报事实，他们就会说，蟑螂又大又多，整个过程非常糟糕。学生们会夸大细节，使故事听起来更加与众不同。

我们每个人都有过类似的经历。想想你会如何回答这样的问题：上次在科罗拉多钓上来的鲑鱼有多大？晚上宝宝要哭闹几次？

通常情况下，我们并非要夸大事实，我们只是无法记清事情的所有细节。我们的记忆对过往经历的记录并非十全十美，就像考古学家拼凑起来的恐龙骨架一样。我们记得大部分的信息，也会丢失一些，而我们会尽力填补完整。这时，我们会根据经验做出猜测。

但是，在讲述过程中，故事往往变得更加极端或更有意思，尤其是当着很多人的面讲述时。我们不会随意猜想，而会加入具体的数字或信息，以便给人留下良好的印象。因此，鲑鱼的大小翻了一倍，宝宝在夜间也不止醒来两次，而是醒来七次，每次都需要用巧妙的方法才能将之哄睡。

这就像传话游戏，随着故事从一个人传至另一个人，有些细节被丢失了，有些细节被夸大了。在传播的过程中，故事变得越来越神奇。

找到内在非凡之处的关键在于如何让事物饶有趣味、令人称奇或新颖独特。你的产品能够做出别人认为不可能的事吗？比如，布兰泰

第一章 社交货币
Chapter 1: Social Currency

搅拌机能搅碎高尔夫球吗？

有一种方法可以创造惊喜，即打破人们的预期模式。如果你购买了一张低价机票去坐飞机，那么你会有什么预期呢？狭小的座位、没有电影、有限的零食……你能预期的基本上只能是最低的服务。但是，第一次搭乘美国捷蓝航空公司航班的人往往会告诉别人自己的经历，因为实在是太与众不同了。座位宽敞舒适，可选零食种类繁多（从Terra Blues薯片到动物形状饼干），从座位背后的电视还可以免费观看美国的直播电视节目。同样，巴克莱首厨利用定价和食材打破了人们对牛肉芝士三明治的预期模式，因此流行起来。

谜团和争议往往会引人注目，《女巫布莱尔》（*The Blair Witch Project*）就是最著名的一个例子。这部电影于1999年上映，讲述了三名学生为了拍摄当地女巫布莱尔的纪录片，徒步进入马里兰州的深山里。不过，后来他们失踪了。传说这部电影是根据他们当时拍摄的业余胶片组合而成，但没有人知道此言是否属实。

当我们面临这样有争议的谜团时会怎么做呢？一般来说，我们会去寻找答案。正是因为人们想知道电影记录的是否是真人真事，才使这部电影名声大噪。而且这部电影的主题与人们的一个基本信念（女巫根本不存在）相违，所以人们很想弄清楚答案。实际上，异议会引发更多的讨论，也正是这些讨论与传闻使这部电影轰动一时。

疯传：让你的产品、思想、行为像病毒一样入侵（经典平装版）
Contagious: Why Things Catch On

这部用手摇镜头拍摄的电影的成本只有3.5万美元，却在全球打破了2.48亿美元的票房纪录。

非凡性有一点最好，就是可以应用于所有事物。我们可以找到任何产品或创意的内在非凡之处，只要我们想出让它脱颖而出的办法。还记得引言中提到的布兰泰搅拌机的案例吗？因为找到了产品的内在非凡之处，这家公司得以让数百万人谈论一台无聊的搅拌机。并且，这家公司没有打任何广告，仅仅依靠50美元的营销费用就做到了这一点。

再想想，卫生纸有没有什么非凡之处呢？似乎没有。但是几年前，我曾让卫生纸在一次聚会上成为谈论最多的话题。我是如何做到的呢？我在洗手间里放了一卷黑色的卫生纸。黑色的卫生纸？也许之前从未有人见过，而这一非凡之处却引发了热烈的讨论。

强调一个产品或创意的非凡之处，人们就不会闭口不谈。

利用游戏机制

几年前，我曾要预订从美国东海岸到加利福尼亚州的往返机票。当时是12月末，而每到年末，时间仿佛过得都很慢，所以这个

第一章　社交货币
Chapter 1: Social Currency

时候去探望朋友是最好的选择。我上网快速浏览了一下航班信息，发现其中一个直飞航班比转飞还便宜。真是太幸运了！我找出我的会员卡。

当输入完会员卡号，我的会员级别信息便出现在了屏幕上。我发现自己积攒了很多飞行里程。去年，我在美国联合航空公司的飞行里程数已使我荣升为贵宾级别。把我享受的特殊待遇称为"贵宾"仿佛是营销人员想出的一个冷笑话，但是比经济舱的待遇确实要好一点。我可以免费托运一件行李，座位也略为宽敞。

我会尽量乘坐同一家航空公司的航班，因为这样也许会收到回报。我差一点就可以再升一级为"超级贵宾"了。

但是，关键是"差一点"。我还差222英里，即使加上这次往返加利福尼亚州的里程，也还不够升级的条件。

超级贵宾的特殊待遇比贵宾稍好一点，可以免费托运三件行李，并且如果乘坐国际航班，就可以在豪华的休息室中候机，还可以提前登机。

不过，我就差一点点了！并且我必须在几天内积满剩下的里程，而飞往加利福尼亚州是最后的机会。

于是，我像其他为完成某事而丧失理智的人一样，花了更多的钱买了中转航班的机票。

疯传：让你的产品、思想、行为像病毒一样入侵（经典平装版）
Contagious: Why Things Catch On

我在波士顿停留两小时转机，只是为了积累足够的里程数而升上一级。

1981年，美国联合航空公司制订了第一个重要的飞行常客计划。该公司最初的理念是让经常乘坐该航空公司航班的人可以享受购买特价机票的机会。很快，这个计划就变成了现在的奖励计划。如今，有1.8亿乘客在旅行时会积累里程数。这些计划促使无数人承诺自己会忠诚于某家航空公司。人们选择在某个城市中转或在不合时宜的时间出行，只是为了让自己在喜欢的航空公司积累里程数。

我们都知道里程数可以兑换免费机票、宾馆住宿或其他特殊优惠。但是，大多数人从不兑换他们积累的里程数。事实上，每年兑换的里程数不到总数的10%。据估计，总计多达10万亿的里程数还安静地躺在人们的账户里，从未被使用。

如果飞行常客们并不兑换里程数，那么为什么又如此热衷于积累里程数呢？

原因就在于，这是一个很有意思的游戏。

你也许喜欢玩单人跳棋，热衷于打高尔夫球，或痴迷上了数独。你是否想过为什么自己会如此钟爱这些游戏？为什么无法停下来？

游戏机制是游戏、应用或计划的组成元素，它包括能够激发人们兴趣的规则和回馈。单人跳棋实行得分制，数独分为不同的等级，高

第一章 社交货币
Chapter 1: Social Currency

尔夫球锦标赛有排行榜。这些元素会告诉玩家在游戏中的位置以及能力和水平。优秀的游戏机制会激发人们积极参与并持续玩下去。

游戏机制可以从内部激发人们的兴趣。我们都喜欢有成就感，那些能够切实证明我们进步的证据，比如解开了一个很难的游戏关卡，或数独又升了一级，会让我们感觉非常好。所以，游戏制造商会激励我们继续努力，尤其是在我们马上就要攻克难关时。例如，一些当地的咖啡厅会提供满十赠一的咖啡打孔卡。这种打孔卡可以激励顾客的积极性，促使顾客更频繁地购买咖啡，这样他们才能越来越接近十杯，并最终拿到奖励。

此外，游戏机制还通过社会比较的方式，从人际关系的角度给我们动力。

几年前，研究人员曾让哈佛大学的学生做一个看似很简单的选择：摆在你面前一份年薪5万美元的工作（选项A）和一份年薪10万美元的工作（选项B），你会选择哪一个？

毋庸置疑，每个人都会选择B。不过这里面还有暗藏的因素：在选项A中，5万美元的年薪是周围人的两倍；在选项B中，10万美元的年薪仅是周围人的一半。所以，虽然选项B的薪水更高，却比不上学生们身边的人。

所以，大多数人是如何选择的呢？

053

答案是选择A。学生们宁愿薪水较低，也希望自己比其他人更优秀。这个选项的绝对值较低，但相对值更高。

人们关心的不仅是自己做得怎么样，还在乎和别人比自己的成绩如何。前面曾经提到，提前登机是超级贵宾一个很好的额外待遇。之所以说这是一个很好的待遇，是因为超级贵宾可以比其他人早登机几分钟。只有将事物分为不同等级，一切才有意义。它可以随时用绝对值的方式告诉我们处于哪里，同时也可以表明我们与他人相比的相对级别。

游戏机制有助于产生社会货币，因为玩得好可以为我们增光添彩。人们喜欢夸耀自己的成就，比如微博的关注数或孩子的SAT考试成绩。我有一个朋友是达美航空公司的铂金会员，他每次乘坐这个公司的飞机时都要在脸书上夸赞一番此次的旅行，并谈论他在贵宾休息室看到一个男的正在和服务员搭讪，或者他免费升级为头等舱。毕竟，如果拥有某种级别的待遇却没人知道，那还有什么用呢？

但是，每次他的骄傲炫耀也是在帮达美航空公司做宣传。

游戏机制就是这样促进口口相传的。人们炫耀自己成就的同时也谈论了品牌（如达美或推特）以及获得成就的领域（如高尔夫球或SAT考试）。

第一章 社交货币
Chapter 1: Social Currency

打造精彩游戏

要想利用游戏机制，就需要量化人们的表现。例如打高尔夫球和SAT考试成绩本身就具有量度，人们可以很容易地看到自己的表现或和别人的差距，而不需要借助其他手段。但是，如果一种产品或创意本身无法做到这一点，就需要将之"游戏化"，并设定某种度量方法或记录方式，以便人们能够一目了然地知道自己的位置。例如，用不同的图标区别人们为社区留言板贡献了多少条信息，用不同颜色的车票区别月票和季票购买者。

航空公司在这方面做得很好。常客飞行计划不是一直就有的。商业飞行已经存在了半个多世纪，但是直到最近才被游戏化，航空公司才开始记录乘客的飞行里程数，并授予他们不同的级别。这种做法可以提供社交货币，所以人们很喜欢谈论他们的体验。

利用游戏机制还有助于人们宣传自己的成就。人们愿意谈论自己做得多么好，但是如果有一种可以看得到的标志可以向别人展示，那么岂不更好？

四方网是一个基于地理位置信息的社交网站，其用户可以在酒吧、饭店或其他地方用移动设备进行签到。四方网还会根据用户的签到数据奖励特殊的称号或徽章。例如，在为期60天的时间里，在某一

疯传：让你的产品、思想、行为像病毒一样入侵（经典平装版）
Contagious: Why Things Catch On

地理位置签到次数最多的人将会被冠以该地"地主"的称号。又或者在五个不同的机场签到过，可以获得空中飞人的徽章。这些称号或徽章不仅保存在用户的四方网账户中，还会显示在脸书页面上，因为它们能够提供社交货币。

就像我的那位拥有达美铂金会员的朋友一样，四方网的用户会为了炫耀或自豪而亮出自己的称号或徽章，但同时他们也为四方网做了品牌宣传。

精妙的游戏机制甚至能够从零开始创造辉煌。航空公司将客户的忠诚度转化为地位象征；四方网将每天造访街角酒吧作为区分标志；通过鼓励玩家将自己的成绩公布在社交网站上，网络游戏开发商成功说服人们大声说出甚至夸耀自己每天都在玩的网络游戏。

彰显地位的方式很容易理解，即使对某一领域很陌生的人也会明白。成为某一区域的地主听起来不错，但是如果你问问街上的人，那么我敢保证，大多数人无法分清拥有一个晚校徽章、超级使用者徽章或者四方网提供的一百多个徽章的任意一个与"地主"的称号比起来孰好孰坏。

银行的信用卡业务也面临同样的问题。以前，金卡仅限于出手阔绰且信用记录非常好的人。但是，当银行开始给各种信用记录的人办理金卡时，金卡就失去了意义。于是，银行又为真正富有的客户提供

第一章 社交货币
Chapter 1: Social Currency

了新的选项：铂金卡、宝石卡、钻石卡等。但是，钻石卡和宝石卡哪个象征着更高的地位呢？铂金卡比宝石卡好还是不好？不同的颜色、材质、特权让人眼花缭乱，一片混乱，用户无从分辨，也无法知道自己的地位，更无法与他人比较。

再比较一下奥林匹克运动会或当地田径运动会颁发的奖牌。如果参赛者告诉你他得了银牌，那么你会十分清楚地知道他取得的成绩，就连不太了解田径比赛的人也能立刻说出参赛者是体育明星，还是一般水平。

英国很多超市也使用类似的直观标签方式。就像交通灯一样，超市使用红圈、黄圈和绿圈表示不同食品中糖、盐或脂肪的含量。低盐三明治标有绿圈，咸汤则标有红圈。任何人都能立刻知道自己该如何选择。

很多比赛也涉及游戏机制。博百利（Burberry）建了一个摄影比赛的网站，名为"战壕的艺术"，主要刊登博百利以及身穿这个品牌服装的人的蒙太奇照片。有的照片出自全球顶尖的摄影师之手，但是每个人都可以发送自己或朋友穿着博百利战壕风衣（又称防雨风衣）的照片。如果幸运之神惠顾你，博百利在网站上发布了你的照片，那么全球的人都可能看到。

如果你的照片真被选中了，那么你要做的第一件事是什么？你肯

057

疯传：让你的产品、思想、行为像病毒一样入侵（经典平装版）
Contagious: Why Things Catch On

定会告诉别人这件事，并且是很多人。

显然，每个人都会这么做。博百利网站收到了来自100多个国家的数百万张照片。这次摄影比赛帮助博百利提高了50%的销量。

美食网站鼓励人们贴出做好的饭菜照片。减肥或健身项目鼓励人们贴出前后的对比照片，让别人看到自己的变化。哥伦比亚特区有一家新开的酒吧，甚至用我好朋友的名字命名了一款酒——"肯塔基厄比"。我的朋友觉得很特别，逢人便把对这款酒的了解讲述一遍，而他并没意识到自己在为酒吧做宣传。

颁发奖励也是基于类似的原理。得奖者很喜欢炫耀一番，这是他们显示自己成就的一个机会，但与此同时，他们也不得不提到是谁给他们颁发的奖励。

投票过程也可以达到口口相传的效果。由大众投票确定获奖者会激励参赛者竭力争取支持。但是，在鼓励别人为自己投票时，参赛者同时也在为赞助比赛的产品、品牌或项目做宣传。这样一来，商家没有自己做营销，而是让想要获奖的参赛者代而为之。

现在我们该谈谈铸造社交货币的第三种方法了，即让人们觉得自己是内部人士。

058

第一章 社交货币
Chapter 1: Social Currency

成为内部人士

2005年,本·费施曼(Ben Fischman)荣升为惠购网(Smart Bargains.com)的首席执行官。这家折扣购物网站的商品多种多样,包括服装、床上用品、家居家具、箱包等。它的商业模式很简单:想要清仓或卖掉多余商品的商家可以将产品卖给惠购网,该网站再将货物卖给消费者。惠购网的商品种类繁多,价格通常不会高于零售价的75%。

但是到2007年时,该网站开始进入销售低谷。虽然利润始终控制在较低的范围内,但消费者对该网站的热情不断降低,很多类似网站如雨后春笋般出现,惠购网很难从竞争者中脱颖而出。

一年以后,费施曼开通了一个新的网站,名为"茹拉网"(Rue La La),销售高端品牌商品,但主打"限时抢购"。这个网站的商品仅在一定的时间内可以购买,比如24小时期限或最多数日。该网站的商业模式与时装业的样品特卖一样,非请莫入,必须由网站会员邀请才可注册入场。

该网站的销量猛增,经营异常顺利。2009年,费施曼将两个网站

售出，价值高达3.5亿美元。

因为一个很小的细节，茹拉网就能大获成功。

其实，茹拉网与惠购网销售的产品相同，都是同样的连衣裙、短裙和套装，也是同样的鞋、衬衫和长裤。

那么，是什么原因使一个看似普通的网站变成了人们争先抢购的网站呢？茹拉网的成功秘诀是什么呢？

原因就在于茹拉网让人们觉得自己是内部人士。

当费施曼设法拯救惠购网时，他发现，该网站有一块业务做得相当不错。该网站的"聪明购物者"俱乐部会为注册会员提供特殊服务，比如降低运费、可以在私人购物区购物等。这只是该网站的一小部分业务，但增长十分迅速。

同时，费施曼还从法国学到了一种经营理念，即私人特卖会——仅持续一天的网上限时抢购。费施曼坚信，这是扭转局势的最佳方法。

结果证明费施曼是对的。由于巧妙地利用了紧急性这一因素，茹拉网旗开得胜。这一成功有些许偶然的成分。该网站每天上午11∶00上新产品，而在11∶03之前所有产品便销售一空。于是，消费者知道，如果不马上登录，就会错过购买机会。

后来，随着业务不断增长，茹拉网一直保持限时限购的特点。在第一个小时内，平均能够卖出40%~50%的产品。茹拉网的销售额不断增加，但并不是说每个时段的收入都在增多。不过，每天11:00的客流高峰却是越升越高。

会员专享的模式也让该网站的会员有种内部人士的感觉。就像用天鹅绒绳拦阻参加派对的普通人，以防他们进入上层人士的专区一样，人们会认为如果只有会员才能登录网站，那么这个网站一定有可取之处。

茹拉网的会员是网站最好的宣传大使，他们比任何广告宣传都更具说服力。正如费施曼所说：

"这好比宾馆的前台。你去前台打听附近哪家餐馆不错，服务员会立刻告诉你一家。他可能因为得了某种好处才做出这种推荐，所以你未必会信他的。但是，如果是自己的朋友推荐，你就可能会迫不及待地去尝试一下。同理，当朋友告诉你应该试试茹拉网时，你会相信他，并付诸实践。"

茹拉网释放了朋友之间传递信息的力量。

本章开头我们提到了秘密酒吧"别告诉别人"。其实，这家酒吧和茹拉网有很多相似之处，即打眼一看也许并没有什么特色。但是，

疯传：让你的产品、思想、行为像病毒一样入侵（经典平装版）
Contagious: Why Things Catch On

二者都很好地利用了稀缺性和专属性，让顾客觉得自己仿佛是内部人士。

稀缺性强调的是所提供之物的数量。稀缺的物品因为需求高、产量低，或时间和地域有限制，易得性较差。秘密酒吧"别告诉别人"只有45个座位，并且限入45人。茹拉网的商品只在24小时内可以购买，有的可能30分钟就会售罄。

专属性也与易得性有关，但和稀缺性不同。专属的事物只有符合一定标准的人才能拥有。说到专属性，我们往往会想到价值2万美元镶满钻石的劳力士手表或与电影明星在圣克洛伊岛把酒谈心。但是，专属性可不单单指金钱或名人，它还与信息有关，比如知道某些信息或认识知道这些信息的人。"别告诉别人"酒吧和茹拉网利用的就是这一点。要想进入"别告诉别人"酒吧，你用不着很有名，但是因为地点隐蔽，只有某些人知道它的存在。金钱也不是通往茹拉网的敲门砖，这里实行的是非请勿进原则，你必须认识它的会员才行。

稀缺性和专属性可以让产品看起来更值得拥有，因此有助于产品走红。如果某物很难得到，人们就会认为值得一拼。如果某物无法得到或缺货，那么人们往往会推断有很多人对它情有独钟，所以认为此物一定值得拥有（我们会在"公开性"一章做更多的讨论）。如果某本烹饪书的供应有限，人们就会给出更高的评价。如果某种饼干很稀

第一章 社交货币
Chapter 1: Social Currency

缺，人们就会觉得它味道更好。如果某款连裤袜没那么容易买到，人们就会觉得它更高端。

迪士尼公司拥有多部几十年前拍摄的电影，该公司正是使用这种理念来增加人们对这些电影的需求。它将《白雪公主》和《木偶奇遇记》等经典动画长片撤下市场，放入"迪士尼库"（Disney Vault）中，直到决定再次上映为止。

这种有限的供应会让我们觉得商品很难得到，而必须现在出手购买，如果不这么做就可能错失良机，虽然我们也许本来就没有这种需求。④

---

④ 这里请注意"很难得到"与"无法得到"的区别。的确，想在"别告诉别人"酒吧预订座位很难，但是如果打足够多的电话，就还是能够抢到一席座位的。虽然茹拉网一直仅对会员开放，但是最近公司推出了一项新政策，即使非会员也可以通过电子邮箱注册登录网站。所以，前期利用稀缺性和专属性，后期放宽限制，也是一个刺激需求的好办法。

另外还要注意，限制可得性可能会给人一种傲慢自大、爱答不理的感觉。人们习惯了想买某种产品就能买到，如果人们听到了太多"没有"，就可能会选择别处。"别告诉别人"酒吧和茹拉网明确地解决了这一问题。他们指导员工，如果需要对顾客说"没有"，就应该用另外一种方式，即"没有，但是……"。例如，"很遗憾，我们已经没有位置了，8:30就已经订满了，但是11:00再打来试试如何？"或"我们没有这个牌子的酒，但是我们有另外一种，您要试试吗？"以这种方式对待顾客的失望情绪，不仅能让顾客满意，还能保持吸引力。

疯传：让你的产品、思想、行为像病毒一样入侵（经典平装版）
Contagious: Why Things Catch On

稀缺性和专属性会让人们感觉自己是内部人士，从而促进口口相传。如果人们拥有其他人没有的东西，就会觉得自己很特别，很独一无二，地位很高。也正是因为这样，人们不仅会更喜欢某种产品或服务，还会到处传扬。这是为什么呢？因为告诉别人会让人们脸上有光。拥有内部人士才知道的消息就是一种社交货币。当人们排队等待数小时买到了最新的科技产品，他们做的第一件事就是晒给别人看——"瞧瞧，我买到了什么？"

你可能认为，让人们感觉自己是内部人士，只有像酒吧、服装这样的专属产品或服务才会受益，实则不然，现在让我们来看看麦当劳是如何用一款猪肉做成的三明治来制造社交货币的。

1979年，麦当劳推出了麦乐鸡。这款新品大获成功，美国所有特许经营的麦当劳门店都想供应。但是，当时麦当劳没有一个完备的系统满足这种需求。于是，麦当劳的行政总厨勒内·阿伦（Rene Arend）受命设计一种新的产品，以弥补那些没有麦乐鸡供应的门店。

阿伦想出一种叫作"烤汁猪排堡"的猪肉三明治。他刚从南卡罗来纳州的查尔斯顿旅行回来，南部的烧烤风味给了他灵感。他非常喜欢浓郁的熏制风味，并认为这个口味的三明治可以成为麦当劳一款完美的新品。

但是，烤汁猪排堡"名不副实"，实际上只有很少的猪排肉。你

第一章 社交货币
Chapter 1: Social Currency

可以想象一下，那是一块形状类似猪排的肉饼。其实只要将排骨去掉骨头以及大部分的肉，淋上烧烤酱，铺上洋葱和腌黄瓜，然后塞进面包里，基本上就和烤汁猪排堡差不多了。

尽管猪排肉不多，但是该产品试销不错。麦当劳对此兴奋不已，很快将之在全国门店推广。从佛罗里达州到西雅图，到处都能买到烤汁猪排堡。

但是，最后销售数据出来后，实际销量远远低于预期。麦当劳尝试做了很多促销和广告，但是都没有多大用处。几年后，麦当劳放弃了烤汁猪排堡，并归因于美国人对猪肉不感兴趣。

不过十年后，麦当劳想出了一个聪明的方法来提高人们对烤汁猪排堡的需求。麦当劳并没有在广告上多花一分钱，也没有改变烤汁猪排堡的价格，甚至连食材都没有变化。

麦当劳只是让它变得很稀缺。

麦当劳有时会在全国限时供应烤汁猪排堡，有时只会在某些地方供应。曾经有一个月，只有堪萨斯城、亚特兰大和洛杉矶的门店会供应烤汁猪排堡。而两个月后，又仅在芝加哥、达拉斯和坦帕供应。

这个策略成功了，顾客很喜欢这款三明治。脸书上有很多人要求麦当劳"让烤汁猪排堡回归"。还有支持者在推特上表达自己对这款三明治的喜爱（"我真是太幸运了，竟然能吃上烤汁猪排堡"）。甚至

065

还有人在网上建立了一个"烤汁猪排堡论坛",粉丝可以与他人分享哪里供应这款三明治。这一切看起来多么不可思议。

如果让人们觉得自己是内部人士,那么任何产品和创意都可以受益。事实是,事物稀缺会让人们觉得它更具价值,人们还会分享给朋友,以充分利用自己知道的信息或拥有的某物所能带来的社交货币。

小谈动机

几年前,我走过了男士成长过程中的一个必经之路——参加了一场梦幻足球联赛。

梦幻足球已成为美国最受欢迎的消遣方式之一。可是有人还不熟悉这个游戏,其实就相当于你要担任一个虚拟球队的总经理。很多人耗费非常多的时间寻觅球员,修改花名册,观看每周的比赛。

为什么人们花这么多时间在这种观赏性运动上,我一直觉得难以理解。但是,当一群朋友还需要一个人,问我愿不愿意加入游戏时,我却欣然答应了。

最终,我也深陷其中。我每周都要花几个小时浏览备忘单,仔细研究我从未听过的球员,寻找他人尚未招入的黑马。赛季一开始,我

第一章 社交货币
Chapter 1: Social Currency

就开始观看球赛，但是我以前从不这样做。我看球赛不是为了弄清楚当地哪支球队赢了球，我看的都是我一无所知的球队，只为了观察我的哪位球员表现更好，以便修改我的花名册。

但是，你知道哪一点最有趣吗？

答案是，我做的这一切都是免费的。

没有人会为我所花费的时间支付报酬，我和朋友们甚至也没有赌球。我们只是为了好玩，当然，还有为了积攒吹嘘的资本。优异的表现等同于社交资本，每个人都有动力去争做最好，即使没有金钱的刺激。

这能给我们什么启发呢？要想激励人们其实并不需要金钱。公司在激励员工时，往往会默认用金钱作为奖励，但是这么做不一定对，代价也会很高。

另外，一旦选择付钱让人们做某事，就将人们的内在动机排除在外了。人们喜欢谈论自己喜欢的品牌和产品，无数人每天都在这样做，并且没有付费，没有激励。但是，如果人们推荐其他顾客可以得到金钱或物质奖励，人们愿意免费这样做的兴趣就消失殆尽了。因为这样一来，人们是否愿意分享不再与自己喜欢某产品或服务的程度有任何关系，相反，人们宣传的质量和数量将与他们能拿到的奖励挂钩。

社会激励，比如社交货币，从长远来看更为有效。人们在酒吧签到，四方网不会给予报酬，而航空公司也不会给飞行常客打折。但是，通过利用人们想在别人眼中看起来更好的欲望，商家可以免费地让人们积极地分享他们喜欢的产品或服务，并且人们还乐此不疲。

能不告诉别人吗

我们如何才能让人们口口相传、让我们的产品或创意流行起来？一种方法就是铸造社交货币。每个人都喜欢给别人留下良好的印象，所以我们要做出能够帮人们达成心愿的产品。就像布兰泰的视频《这个，能搅碎吗？》，我们需要找到产品内在的非凡之处。就像四方网和有常客划分的航空公司，我们需要利用游戏机制。就像茹拉网，我们需要利用稀缺性和专属性让人们觉得自己是内部人士。

说到是什么促使我们谈论自己，还要回到"别告诉别人"这家酒吧。酒吧老板很聪明，他知道秘密会增加社交货币，但他做的不只是这些。当你喝完酒买单时，服务员会递给你一张很小的黑色名片，就像灵媒或巫师的名片一样，上面简单地写着几个红色字"别告诉别人"，外加一个电话号码。

第一章 社交货币
Chapter 1: Social Currency

虽然一切都表明酒吧老板不想让别人知道这个地方，但最终他还是会确保你知道酒吧的电话号码，因为他其实希望你与别人分享这个秘密。

第二章 诱因

Chapter 2: Triggers

- 口碑经纪公司的运作
- 为什么某些产品会赢得更多的谈论
- 即时口碑与持续口碑的区别
- 从玛氏棒到选举
- 与丽贝卡·布莱克相约星期五
- 话题的引子
- 奇巧巧克力加咖啡:养成习惯
- 有效诱因是如何炼成的
- 情境的重要性
- 蜂蜜燕麦圈胜过迪士尼乐园吗

疯传：让你的产品、思想、行为像病毒一样入侵（经典平装版）
Contagious: Why Things Catch On

如果你对不到八岁的孩子说起"迪士尼乐园"，就等着他们大呼小叫吧。每年都有超过1900万来自世界各地的人到佛罗里达州奥兰多迪士尼乐园游玩。大一点儿的孩子喜欢玩惊险刺激的飞越太空山和恐怖塔，小一点儿的则喜欢感受灰姑娘公主城堡的魔力，或体验森林河流之旅，以及探索非洲的奇异河道。即使是大人，与可爱的米老鼠和高飞等迪士尼动画人物握手时，也会开心一笑。

我的第一次迪士尼乐园之旅是在20世纪90年代初，现在想起来，仍然回味无穷。当时，我和堂兄被选中扮演《盖里甘的岛》（Gilligan's Island）中的盖里甘和船长。当我被浇灌几十桶水并将小船成功带出险境后，我满脸洋溢着凯旋的荣耀。到现在，这段故事还常常被家人谈起。

请将这些令人兴奋的经历与一盒通用磨坊公司的蜂蜜燕麦圈（Honey Nut Cheerios）做一下比较。没错，就是那种经典的早餐燕麦圈，一只吉祥物一样的蜜蜂"将营养丰富的燕麦裹上了美味无比的蜂蜜"。蜂蜜燕麦圈不仅有益健康，还甜味十足，足以吸引包括孩子在内的任何喜欢甜品的人，它一跃成为美国很多家庭的主要早餐。

迪士尼乐园和蜂蜜燕麦圈相比，你认为哪种产品人气更高呢？是魔幻王国，那个自诩可以梦想成真的地方？还是燕麦圈，那个可以降低胆固醇的全麦早餐食品？

第二章 诱因
Chapter 2: Triggers

显然,答案是迪士尼乐园,对吧?毕竟谈论冒险经历比谈论早餐吃什么更有意思。如果口碑营销专家有任何共识的话,那肯定是:如果想让人们谈论,那么产品本身有趣是个很重要的前提。大多数关于口碑营销的书籍都会告诉你这一点,社交媒体大师也是一样。一位很有名气的口碑营销专家曾说:"没有人会愿意谈论无聊的品牌、乏味的产品或枯燥的广告。"

不过,他错了,所有相信"有趣为王"的人也错了。你可能认为这有悖于我们前一章所讲的社交货币,不要急,请往下读。事实上,比起迪士尼乐园,人们对燕麦圈的谈论会更多。这是为什么呢?原因就在于"诱因"。

口碑经纪公司的运作

没有人会把戴夫·巴尔特(Dave Balter)看成流行电视剧《广告狂人》(Mad Man)塑造的麦迪逊大道之鳄。他岁数不大,刚刚40岁,人看起来更年轻,脸颊上长着细小的绒毛,戴着金属丝框架眼镜,面带开朗的笑容。他对营销充满激情。是的,营销。对于戴夫而言,营销不是说服人们购买他们不想要或不需要的东西,而是挖掘人们对产品和服务的热情。这些产品和服务或对他们颇为有用，或十分有趣，或非常漂亮。营销就是传播这种对产品和服务的喜爱。

戴夫最开始是一名所谓的忠诚营销专家，他的任务是思考如何奖励忠诚于某一品牌的消费者。之后，他建立了两家推销公司。在卖掉这两家公司后，他又建立了现在经营的公司——口碑经纪公司（BzzAgent）。

现在我们来看一看口碑经纪公司的运作模式。假如你是Sonicare电动牙刷的生产商飞利浦。这款产品的销量很好，但是因为是新产品，大多数人都不知道它，或不知道它为什么值得购买。现有的Sonicare消费者已经开始宣传这款产品，但是你想加快传播的速度，让更多的人口口相传。

这时，就需要口碑经纪公司的介入了。

多年来，这家公司已经聚集了超过80万的口碑经纪人，他们表示自己很有兴趣了解并尝试新的产品。这些口碑经纪人的年龄、薪水和职业的范围十分广阔。他们大多数在18岁到54岁之间，受过良好教育，收入可观，有教师、全职妈妈、专业技术人士、博士，甚至还有某些公司的首席执行官。

如果你想知道什么样的人可以成为口碑经纪人，那么答案是你就可以，只要是能够基本反映普通大众消费者的人就可以。

如果接到一个新的客户任务，戴夫的团队就会从他们庞大的数据

第二章　诱因
Chapter 2: Triggers

库中挑选合适的口碑经纪人。飞利浦认为，它的电动牙刷主要适用于来自美国东海岸繁忙的专业人士，年龄在25岁到35岁之间。没问题，戴夫有几千名符合条件的口碑经纪人随时待命。

随后，口碑经纪公司会联系这些合适的口碑经纪人，邀请他们参加一个活动。同意参加的口碑经纪人会收到一个礼包，里面有产品信息、优惠券或免费的试用产品。例如，参加Sonicare活动的口碑经纪人会收到一支免费的电动牙刷，还有一个价值10美元的折扣券可以送给别人。参加塔可钟（Taco Bell）活动的口碑经纪人会收到墨西哥煎玉米卷优惠券，因为新鲜的玉米卷是很难邮寄的。

在接下来的几个月里，口碑经纪人会提交一份对产品的试用报告。值得一提的是，这些经纪人是不收费的，他们参加这些活动的目的是想要在其他亲朋好友之前获得免费的产品体验或新产品信息。并且，也没有人逼迫他们说假话，他们可以真实地描述自己的想法，喜欢就是喜欢，不喜欢就是不喜欢。

大多数人第一次听说口碑经纪人的概念时，觉得不可能成功。大多数人认为，人们不会在日常谈话中自发地提到某些产品，这不像是能够自然发生的事。

但是，大多数人都没有意识到，人们一直都在很自然地谈论某些产品、品牌和公司。平均每个美国人每天会有超过16个口碑传播的场

075

景，人们会对某个公司、品牌、产品或服务发表正面或负面的评价。人们会向同事推荐某个有特色的餐厅，告诉家人哪里有大甩卖，向邻居推荐有责任心的保姆。每天，所有美国消费者提到品牌的次数会超过30亿次。这种交流就像呼吸一样，如此常见，如此频繁，人们甚至都没有意识到自己的谈论。

如果你想更好地了解自己，你就可以做一个24小时的对话日记。拿起纸笔，写下一天里你所提到的所有事情，你会对自己谈到的产品和创意大吃一惊的。

因为好奇心，我参加了口碑经纪公司的一个活动。我非常喜欢喝豆奶，所以当丝乐克（Silk）开展杏仁奶活动时，我可得参加（杏仁怎么能做成奶呢？）。我用口碑经纪公司赠送的优惠券从超市里买了这款产品，尝了尝，真是美味极了。

这款产品不只是好，简直是好极了，我不得不和别人分享。我向不喝普通牛奶的朋友推荐丝乐克杏仁奶，并且赠送他们优惠券，让他们也买来尝尝。我这么做不是受人逼迫，没有人在背后监视我必须向别人推荐，我只是很喜欢这款产品，并且认为别人可能也会喜欢。

这就是口碑经纪公司以及其他口碑营销公司能够高效运作的原因。他们不会逼迫人们为其讨厌的产品说好话，也不会怂恿人们故意在谈话中推荐某个产品。口碑经纪公司只是利用人们愿意与他人谈论

第二章 诱因
Chapter 2: Triggers

并分享产品和服务这一既成事实。只要为人们提供一款他们喜欢的产品，人们自然会将之传播开来。

为什么某些产品会赢得更多的谈论

口碑经纪公司的客户范围很广，包括拉尔夫·劳伦（Ralph Lauren）、美国畸形儿基金会（March of Dimes）、快捷假日酒店（Holiday Inn Express）等。口碑经纪公司为这些客户举办了数百次活动，有些活动创造的口碑效应要高于其他活动，为什么呢？是不是有些产品或创意更蒙幸运女神的垂青呢？还是有什么基本规则会促使人们更多地谈论某些产品？

我主动请缨帮助口碑经纪公司找寻答案。戴夫对这件事很有热情，他把公司多年来举办的数百次活动的数据给了我和我的同事埃里克·施瓦茨（Eric Schwartz）。

最开始，我们先测试了一个最直观的想法：有意思的产品会比枯燥乏味的产品赢得更多的谈论。某些产品比较有意思是因为它从某种程度上说比较新颖、刺激人心，或超出了人们的预期。如果产品是因为有趣才赢得了更多的谈论，那么动作片和迪士尼乐园应该比早餐燕

077

疯传：让你的产品、思想、行为像病毒一样入侵（经典平装版）
Contagious: Why Things Catch On

麦圈和洗洁精获得更多的谈论。

从直觉上讲，这是有道理的。正如我们在社交货币一章讨论的，我们和别人说话时，不仅在交流信息，还会谈论自己。当我们大肆赞扬一部新的外国电影，或表达对街角某个泰国餐厅的失望时，我们也是在表现自己的文化、饮食知识和口味偏好。因为我们希望别人视我们为有趣之人，所以我们会搜寻有趣的事情作为话题。毕竟，如果某人只会谈论洗洁精和早餐燕麦圈，那么谁会愿意邀请他参加鸡尾酒舞会呢？

基于这个想法，广告商常常试图创作令人惊奇甚至震惊的广告，比如手舞足蹈的猴子或饥饿的狼追逐行进乐队，又或者让某人穿着火鸡装在地铁上发放50元的美钞。只有与众不同，人们才会谈论。

但是，这真的对吗？一定是有趣的东西才会被谈论吗？

为了找到答案，我们选取了参加口碑经纪公司活动的数百种产品，并询问试用者是否觉得这些产品有趣。一台自动淋浴清洗设备和保存新生儿脐带的服务怎么样？大家认为两者看起来都很有趣。那么漱口水和果仁呢？几乎没人觉得有趣。

之后，我们又研究了产品的有趣度和在为期十天的活动中产品被谈论的频率之间的关系。

结果，两者并没有什么关系。有趣的产品并不比枯燥的产品获得的谈论多。

第二章 诱因
Chapter 2: Triggers

这一点让我们很困惑，于是我们将研究后退了一步。也许"有趣"这个词并不合适，它可能太模糊或太宽泛了。所以我们将它改为更具体的概念，比如产品有多新颖或奇特。试用者认为，比起塑料保鲜袋，电动牙刷的新颖度更高；比起浴巾，和运动鞋一样舒服的连衣裙的奇特性更高。

但是，新颖度或奇特性的高低与口口相传并没有什么关联。更新颖或更奇特的产品被谈论的次数不一定更多。

那么，问题是不是出在给产品打分的试用者身上呢？我们最开始的调查对象一般是大学生，后来又招募了不少新人，这些人的年龄和背景各不相同。

但是，结果还是一样：有趣度、新颖度、奇特性与产品被谈论的次数没有关联。

这回我们真的迷惑了，我们到底哪里出错了呢？

最终结果表明，没有哪里出错，只是我们问的问题不对。

即时口碑与持续口碑的区别

之前我们一直关注的是产品的哪个方面与人们的谈论次数有关，

079

具体来说，是不是更有趣、更新颖或更奇特的产品被谈论的次数更多。但是我们很快意识到，我们应该关注的是这些方面在什么时候与人们的谈论次数有关。

有些口碑效应是即时的，有些则是持续的。想象一下，你刚收到一封关于一场新的回收行动的邮件。你会不会当天晚些时候和同事说起呢？你会不会周末时与朋友谈论呢？如果会，那么你做的就是即时传播。如果你将刚发生的某件事或刚得到的新信息立刻或在短时间内与人分享，那么这个产品产生的就是即时口碑效应。

持续口碑效应则涵盖了事情发生几个星期或几个月之内的对话，比如谈到你上个月看的电影或去年度的假。

这两种口口相传都很有价值，但是对于某种产品或创意而言，可能其中一种口口相传更为重要。例如，电影依赖的是即时口碑效应，电影院期待的是即刻成功，如果一部电影卖得不好，就会马上下线，被其他电影替代。新上市的某种食品也面临同样的压力，因为超市的货架是有限的，如果一直没有顾客购买，超市就不会再储备这种食品了。在这些情况下，即时的口口相传至关重要。

不过，对大多数产品或创意而言，持续的口口相传也很重要。反欺凌运动不仅希望学生们在运动开展期间谈论这个话题，也希望他们一直这样做，直到欺凌现象完全根除。新的政策被刚刚提出时，肯定

第二章 诱因
Chapter 2: Triggers

会受益于人们的口口相传,但是要想动摇选民的想法,则需要人们继续谈论,直到大选之日。

那么,是什么促使人们在事情发生后即刻开始谈论呢?又是什么促使人们在事情发生几周或几个月之后继续谈论呢?

为了回答这两个问题,我们将口碑经纪公司开展的每一项活动的数据分为两类:即时的口口相传和持续的口口相传。然后,我们研究不同产品各自引发了多少什么类型的口口相传。

正如我们猜想的,有趣的产品比枯燥的产品引发了更多的即时口碑效应。这再次证明了我们在社交货币那章谈到的:有趣的事物令人愉悦,可以让分享的人脸上有光。

但是,随着时间的推移,有趣的产品无法一直维持较多的口口相传,不会比枯燥的产品引发更多的持续口碑效应。

假设某天我上班时装扮成了一名海盗,头戴一条亮红色的缎面头巾,身穿一件长款黑色马甲,耳朵上戴着金耳钉,还有一只眼睛罩着眼罩,实在是太醒目了。我办公室的同事很可能全天都在议论纷纷:"他到底在干什么?虽然星期五可以穿得随意些,但他也做得太过头了吧!"

不过,虽然我的海盗打扮会让人们立刻口口相传,但是他们不会在接下来的两个月持续谈论。

疯传：让你的产品、思想、行为像病毒一样入侵（经典平装版）
Contagious: Why Things Catch On

如果光凭有趣无法产生持续的口口相传，那么什么可以呢？究竟什么会让人们的谈论持续下去呢？

从玛氏棒到选举

不管什么时候，你的脑海里肯定有些事情更为重要，或更容易想到。比如，现在你也许正在思考看到的句子或中午吃的三明治。

有些事情可能一直会萦绕在你的脑海里。狂爱体育或美食的人往往会一直想着体育或美食。他们从不间断地挂念着自己喜爱的球队的最新战况，或如何将各种食材搭配为可口的菜肴。

但是，周围环境的刺激也会决定你脑中即刻的想法。如果你在公园跑步时看到一只小狗，你就可能会想起自己一直想领养一只小狗。如果你走过街角面条店时闻到了中餐的味道，你就可能会开始思考中午吃什么。如果你听到可口可乐的广告，你就可能会想起昨晚家里的汽水喝光了。视觉、味觉和听觉能够引起相关的想象，并占据你头脑的第一位置。炎热的天气可能会让你想到全球气候变暖，在旅游杂志上看到美丽的沙滩可能会让你想到科罗娜（Corona）啤酒。

使用一种产品就是一个强有力的诱因。大多数人喝牛奶的频率要

第二章 诱因
Chapter 2: Triggers

高于喝葡萄汁,所以牛奶往往在人们脑海中处于更高的位置。但是,诱因也可以是间接的。看到一罐花生酱还会让我们想到常常和花生酱一起搭配的果酱。诱因仿佛环境中的提醒物,会让你想到相关的产品、观点和思想。

为什么某种想法在人们的脑海中处于首位会很重要呢?因为容易想到的事物会直接引发行动。

1997年,糖果公司玛氏(Mars)发现玛氏棒的销量竟然大幅上升。公司很是诧异,因为他们根本没有改变营销模式,没有额外花钱打广告,产品价格没有变,也没有搞任何促销活动。但是玛氏棒的销量的确增加了很多,那么究竟发生了什么事呢?

事情与美国国家航空航天局(NASA)有关,具体来说,事关探路者(Pathfinder)计划。

该计划旨在收集地球附近一个行星的大气和气候信息,以及土壤样本。这项计划已经筹备了多年,并且投入了数百万美元。当着陆器最终到达这个外星球时,整个世界都欣喜若狂,所有的新闻媒体都报道了美国国家航空航天局的胜利。

那么,探路者的目的地是哪里呢?答案是火星(Mars)。

玛氏棒是以公司创始人富兰克林·马尔斯(Franklin Mars)的名字而非火星命名的,但是媒体对火星的关注成为一个诱因,让人们

总是想起玛氏棒，所以销量大增。也许阳光心情（Sunny Delight）的生产商应该会很期盼美国国家航空航天局探索太阳。

阿德里安·诺思（Adrian North）、戴维·哈格雷福斯（David Hargreaves）和詹妮弗·麦肯德里克（Jennifer McKendrick）是三位专门研究音乐的人士，他们研究的课题是：从更广泛的程度上讲，诱因是如何影响人们在超市的购买行为的。你还记得买东西时店家经常播放的背景音乐吗？诺思、哈格雷福斯和麦肯德里克巧妙地将某些试验地点的背景音乐换成了两个国家的音乐。有些天，他们播放的是法国音乐，就像在塞纳河畔的法国咖啡厅门外听到的那种；有些天，他们播放的是德国音乐，就像在慕尼黑啤酒节上听到的那种。之后，他们计算了在两种音乐背景下，消费者购买的不同酒类的数量。

当播放法国音乐时，大多数消费者购买的是法国酒；当播放德国音乐时，大多数消费者购买的是德国酒。音乐让消费者想到了不同的国家，从而影响了酒的销售。因为音乐，人们更容易联想到与之相关的国家，而这样的联想又进一步影响了人们的购买行为。

我和心理学家格兰妮·菲齐蒙斯（Grainne Fitzsmons）也做了一项相关研究，研究内容是如何鼓励人们多吃水果和蔬菜。推广健康的饮食习惯其实很难，大多数人能意识到应该多吃水果和蔬菜，但是在买菜和吃饭时，人们却忘得一干二净。我们认为可以利用诱因帮助

第二章 诱因
Chapter 2: Triggers

人们记住多吃水果和蔬菜。

我们招募了一些学生作为研究对象,让他们汇报每天三餐都在学校餐厅吃了什么,报酬是20美元。例如:周一,一碗糖霜麦片,两份火鸡宽面加一份沙拉,一份手撕猪肉三明治配菠菜和薯条;周二,酸奶、水果和核桃,意大利辣肠比萨加雪碧,泰式大虾炒河粉。

这项研究历时两周,进行到一半的时候,我们让学生们参加一项由其他研究人员负责的、看似毫不相关的试验,要求是为一个面向大学生的饮食健康标语提供反馈。为了让他们记住标语,研究人员总共给他们看了20次不同颜色和字体的标语。

一组学生看到的标语是:"健康生活,每天吃五种水果和蔬菜。"另一组学生看到的则是:"每天请在你的餐盘里放五种水果和蔬菜。"这两条标语都鼓励人们多吃水果和蔬菜,但是第二条标语使用了诱因。学生们住在校园里,很多人都在学校餐厅吃饭,而餐厅里有餐盘。所以我们想看看,用餐厅的餐盘当诱因来提醒学生,是否能培养他们的健康饮食行为。

学生们不喜欢提到餐盘的那条标语,他们说它"很土",吸引力还不及那条更宽泛的"健康生活"标语的一半。

但是,就实际行为而言,"餐盘"标语效果十分显著。看到"健康生活"标语的学生没有改变饮食习惯,但看到"餐盘"标语并且在学

疯传：让你的产品、思想、行为像病毒一样入侵（经典平装版）
Contagious: Why Things Catch On

校餐厅使用餐盘的学生大大改变了自己的饮食习惯。餐盘让他们想起了那条标语，并使他们摄入的水果和蔬菜增加了25%。果然，诱因起作用了！

这一结果让我们十分兴奋。能够让大学生做某件事可谓一项壮举，更何况是让他们多吃水果和蔬菜了。

不过，当一位同事听说了我们的研究后，他想知道诱因是否可以影响一个更为重要的行为——选举。

还记得上次总统大选，你在哪儿投的票？

大多数人回答这个问题时，会报出城市或州的名称，比如埃文斯顿、伯明翰、佛罗里达、内华达。如果再说得细一点儿，他们就可能会加上"在办公室附近"或"在超市对面"。很少有人会说得比这更细致了。

地理位置对大选很重要，因为东海岸是民主党的阵营，而南部则是共和党的阵营，这是显而易见的，但几乎没有人会认为投票的具体地点也很重要。

不过事实证明，投票的具体地点非常重要。

政治学家常常认为，人们投票时往往依靠理性的、稳定的偏好。人们都有各自的核心信念，会权衡利弊再决定把票投给谁。如果人们关心环境，就会投给承诺保护自然环境的候选人；如果人们关心医疗

第二章　诱因
Chapter 2: Triggers

保健，就会支持能够让更多人看得起病的提案。在这种精于算计的投票认知模型中，投票的具体地点在理论上不应该影响投票行为。

但是，鉴于对诱因的理解，我们可就没那么有把握了。在美国，大多数人都被指定在某个投票地点投票。这些地点一般都是在公共建筑里，比如法院或学校，但也可以是教堂、办公大楼或其他地点。

不同的地点具有不同的诱因。教堂里到处都是圣像，可能会让人想起教会的教义。学校里到处可见桌椅和黑板，可能会让人想起孩子或自己小时候的上学经历。一旦诱发了这些想法，就可能改变人们的行为。

在教堂里投票会不会让人们更反对堕胎或同性恋婚姻？在学校里投票会不会让人们更支持教育投资？

为了检验这一想法，马可·梅雷迪斯（Marc Meredith）、克里斯琴·惠勒（Christian Wheeler）和我索取了2000年大选时亚利桑那州每个投票站的数据。我们通过投票站的名称和地址来判断它究竟是教堂、学校或其他建筑。据统计，40%的人被分到教堂里投票，26%的人在学校，10%的人在社区中心，剩下的则在公寓楼、高尔夫球场，甚至房车停车场进行投票。

然后，我们检验人们在不同地点投票是否不同。我们着重研究了一项提案：将税收从5.0%提升至5.6%，以资助公立学校。人们对这一

提案讨论得十分热烈，支持者与反对者都有很好的论据。大多数人都支持教育，但几乎没有人喜欢提高税收。这是一个两难的抉择。

如果投票地点无关紧要，那么在学校和在其他地方投票，支持这一提案的人数应该差不多。

但结果是，在学校投票，赞成这一提案的人数比在其他地方投票高出1万多人。可见，投票地点对投票行为具有很大的影响。

最后，这一提案通过了。

在我们考虑了政治倾向和人口的地区差异两个影响因素后，结果也是一样的。我们甚至对比了两组类似的选民，以再次验证我们得出的结论。这两组选民均住在学校附近，一组被分到学校里投票，另一组则在别处投票。在学校里投票的这组人中，赞成提案的比例要高于另外一组。结果再次表明，在学校里投票会引发人们更多支持教育的行为。

从全国范围来讲，1000票的投票差异似乎无关轻重。但是，这足以改变票数不相上下的选举。2000年的美国大选时，乔治·布什（George Bush）与艾伯特·戈尔（Albert Gore）相差不到1000票。如果1000张选票足以改变一次大选结果，就更不用说10000张了。所以，诱因真的很重要。

那么，诱因在决定产品、思想和行为能否流行方面有何帮助呢？

第二章 诱因
Chapter 2: Triggers

与丽贝卡·布莱克相约星期五

2011年,丽贝卡·布莱克(Rebecca Black)取得了一个重大成就,这位14岁的女孩发布了众多乐评人都认为是史上最差的一首单曲。

丽贝卡生于1997年,在发布第一首完整的单曲时还是个孩子,但这并非她第一次涉足音乐领域。在此之前,她曾为演出试唱过,曾参加过音乐夏令营,还在公开场合唱过几年歌。后来,她的一个同学成了她音乐生涯的外援,丽贝卡的父母收到这位同学的来信后,支付了4000美元请ARK音乐工厂为他们的女儿写一首歌。

结果十分糟糕。这首名为《星期五》的单曲哼哼唧唧,充满了过多的数字,内容只是歌唱青少年的生活和周末的快乐。歌曲一开始是丽贝卡早晨起床准备上学的情景:

"早晨七点钟,一觉醒来,

清醒一下,走下楼去,

拿起饭碗,吃下麦片。"

疯传：让你的产品、思想、行为像病毒一样入侵（经典平装版）
Contagious: Why Things Catch On

接下来，她快步走到公交车站，正巧看见几个朋友开车经过，于是她搭上了朋友的车。最后，大家齐声歌唱，对即将到来的周末兴奋不已，因为自由随之而来：

"今天是星期五，是星期五，

终于到了星期五，

每个人都盼望周末的到来。"

总之，这首歌听起来并不像一首歌，而更像是极为空虚的青少年胡思乱想的独白。

但是，2011年，这首歌在YouTube上的点击量超过了3亿次，而通过其他渠道听这首歌的人更是不计其数。

为什么这首差歌会一下子这么红呢？

我们先看看2011年3月人们每天在YouTube上搜索"丽贝卡·布莱克"的次数，当时她刚发单曲不久。你有没有发现什么规律？

你能发现每周的搜索高峰出现在哪一天吗？仔细看看，你就会发现每周的高峰都出现在同一天。3月18日达到高峰，七天后的3月25日以及又过了七天后的4月1日，也都出现了高峰。

那么，高峰日是星期几呢？就是星期五，正如丽贝卡·布莱克这首歌的歌名。

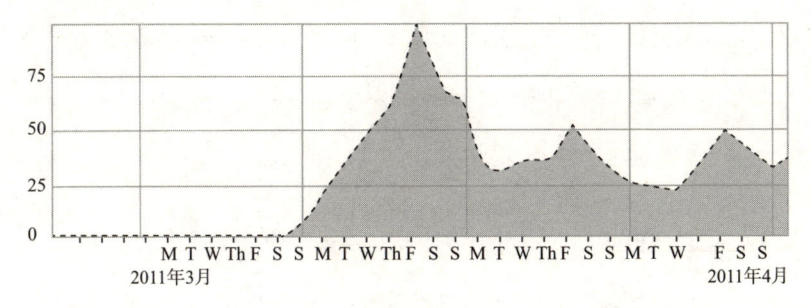

人们每天在YouTube上搜索"丽贝卡·布莱克"的次数

虽然不管星期几，这首歌都同样糟糕，但每到星期五，这首歌就有了强大的诱因，也因此获得了成功。

话题的引子

正如我们在"社交货币"那章说到的，人们有时会因为希望自己脸上有光而谈论某事，因为谈论聪明、有趣的事情会让人看起来很聪明、很有趣。但是，这并不是促使人们分享的唯一因素。

人们的大多数对话其实都是闲聊，比如在孩子参加足球比赛时人们会和其他父母聊天，人们也会和同事在办公室闲谈。这些谈话大多不是为了寻找有趣话题让自己脸上有光，而是避免冷场。人们不希望

疯传：让你的产品、思想、行为像病毒一样入侵（经典平装版）
Contagious: Why Things Catch On

双方静坐着，所以会谈论一些事情，甚至任何事情。人们的目的不一定是要证明自己很有趣、很幽默或很聪明，人们只是不想让谈话停下来，并且只要证明自己不是太糟糕的交谈对象就可以了。

那么，人们都会谈论些什么呢？最先出现在人们脑海中的事往往是个很好的谈话起点。如果有事可谈，那通常都和当下有关。"听说要新建一座大桥了吗？""你觉得昨晚那场比赛怎么样？"这些都是人们时常谈论的。

人们会谈论这些话题，因为它们就发生在周围。人们在马路上看见了推土机，会想到正在建设的大桥。人们刚好碰到了一个喜欢体育的朋友，就想到了昨晚那场重要的比赛。由此可见，诱因会促进口口相传。

我们再回到口碑经纪公司的案例，为什么有些产品会被更多人谈论？原因就在于诱因。更容易让人们想到的产品获得的口口相传要高出其他15%。即使像密保诺（Ziplog）塑料袋和保湿霜这种平常之物也会常常被人谈及，因为人们更容易想到这些事物。用保湿霜的人至少一天会用一次，用密保诺塑料袋的人常常饭后用它来装剩饭剩菜。这些日常行为让人们更容易想到这些产品，因此人们也会更多地谈到它们。

另外，能够常常让人想起的产品不仅获得了更多的即时口碑效

第二章　诱因
Chapter 2: Triggers

应,也获得了更多的持续口碑效应。

所以,密保诺塑料袋与我扮成海盗的例子恰恰相反。扮成海盗那件事很有意思,但只是今天有明天没的东西。密保诺塑料袋也许很无聊,但人们时不时就会提到它,因为它在日常生活中无处不在。诱因起到的就是这种提醒作用,它不仅能够让人们开始谈论,还能够让人们持续谈论。人们在头脑中最先想到的事物往往会脱口而出。

所以,除了找到一条能抓人眼球的宣传语,还要将大环境考虑在内,也就是目标群体所在的日常生活环境能否诱发这条宣传语。我们都认为挖掘有趣的宣传语非常重要。无论竞选班长,还是买苏打汽水,我们都认为,抓人眼球或有意思的宣传语能够带领我们达到成功的彼岸。

但是,正如鼓励人们多吃水果和蔬菜那项研究的发现,一个强有力的诱因比一个抓人眼球的宣传语更为有效。虽然大学生很讨厌那条宣传语,但是当食堂的餐盘让他们想起多吃水果和蔬菜的好处时,他们还是照做了。所以,单凭有趣的宣传语根本不会改变人们的行为。

几年前,美国汽车保险公司GEICO打出了一条广告,意思是将原先的汽车保险公司换成GEICO非常简单,即使数千年前的穴居人都能

做到。就幽默而言，这个广告做得很好。广告很有意思，而且内容很到位，口号是"换成GEICO很容易"。

但是从诱因的角度说，这个广告是失败的。日常生活中根本没有穴居人，所以这个广告不可能经常出现在人们的脑海中，也就不太可能被人谈起。

让我们对比一下百威啤酒（Budweiser）的一个广告。两个小伙子在电话两头边喝啤酒边看电视上播放的篮球比赛。又有一位朋友出现了，他大声说："怎么了（Wassup）？"最开始的那两个人也说："怎么了？"之后，越来越多喝百威啤酒的人都在说"怎么了？"，并且不断循环，无休无止。

这显然不是最有趣的商业广告，但却成了一种全球现象。至少可以说，其成功的原因部分在于"诱因"。百威考虑了环境因素，"怎么了？"是当时年轻人最流行的打招呼的方式，所以朋友之间一打招呼就会让人想到百威啤酒。

你所期待的行为出现得越迟，诱因的重要性就越大。市场研究往往关注消费者对广告语或广告的即时反应。但是在大多数情况下，人们看到一个广告后不一定会马上形成购买，也许要过几天或者几周后才有机会去购物。如果没有什么诱因，那么人们在数天后购物时还能想起那个广告吗？

第二章 诱因
Chapter 2: Triggers

如果将环境考虑在内，那么公共卫生宣传领域也可以受益。例如鼓励大学生理性饮酒的宣传内容可能很有趣，也很有说服力，但却将海报张贴在校医院，离学生活动中心或学生们常常饮酒的地方有"十万八千里"，即使学生们看到这些海报时可能会表示认同，但如果他们饮酒时没有诱因促使他们想到这些宣传内容，那也很难改变自己的行为。

诱因也可以解释为什么负面评论会产生积极效果。我曾和经济学家艾伦·索罗森（Alan Sorensen）及斯科特·拉斯马森（Scott Rasmussen）一起做了一项研究，分析了《纽约时报》上的数百篇书评，目的在于找出正面书评和负面书评对图书销售的影响。

有人说，任何宣传都是好宣传，但负面评论会影响图书的销售。不过，就新作家或不太出名的作家而言，负面评论会将图书销售量提高45%。以《讨厌的人》（*Fierce People*）这本书为例，《纽约时报》评论道，该书作者"眼光不够独特"，并抱怨说"行文的语气变化过于突兀，使整本书读起来很不协调，令人大失所望"。但是当这篇书评发表后，该书的销量猛涨。

原因就在于诱因。如果负面评论能够让人们想起某种产品或创意，就会增加产品的销量。这就解释了为什么一家知名的红酒网站将托斯卡尼（Tuscan）红酒描述成"臭袜子味道"后，该酒销量反

095

升了5%。这也解释了为什么岱宇摇摆哑铃（Shake Weight）遭到媒体和消费者的嘲讽后，其销售额攀升至5000万美元。所以，如果负面的评论能够让人们首先想到某种产品或创意，那么这样的评论也是大有用处的。

奇巧巧克力加咖啡：养成习惯

奇巧巧克力（Kit Kat）是运用诱因最为成功的一个例子。

奇巧巧克力于1986年引入美国，"休息一下，休息一下，给我一块奇巧巧克力"这句歌词成了最具标志性的广告词。对25岁以上的美国人唱出前面几个词，他们保准能接下去。研究人员甚至认为它是史上十大"耳朵虫"（在脑海中挥之不去的歌词或曲调）之一，甚至比乡下人组合（Village People）的"基督教青年会"（YMCA）这首流行歌曲更令人难忘。

不过，2007年，科琳·科拉克（Colleen Chorak）受命重振好时（Hershey）公司生产的奇巧巧克力这一品牌。自从那首广告歌曲推出以来，20多年过去了，这一品牌已走到了穷途末路。好时已经推出了五花八门的新品，如锐滋巧克力（Reese's Pieces）、好时之吻巧克

第二章 诱因
Chapter 2: Triggers

力（Hershey's Kisses）、椰丝杏仁巧克力（Almond Joy）、多滋乐巧克力（Twizzlers）、好心思巧克力（Jolly Ranchers）等。有这么多新品上市，奇巧巧克力会被淹没也是很自然的事。好时对于替换掉"休息一下"这个广告也很挣扎。奇巧巧克力每年销量大约降低5%，品牌缩减得十分厉害。虽然人们还很喜欢这种食品，但是消费者的兴趣正不断降低。

科琳需要找到一种方法来让消费者再次想起这个品牌，让奇巧巧克力再次进入人们的大脑。但是，鉴于多年来针对这个品牌的新尝试都失败了，好时的高层不愿意继续投资为它打广告。

于是，科琳做了一些研究，观察人们究竟何时吃奇巧巧克力，结果发现了两种情况：休息时吃这款甜食或在喝热饮时来一块。

她有主意了——奇巧巧克力加咖啡。

科琳用了几个月的时间，设计出了一个广告。其中，奇巧巧克力被描述成"休息时的最佳伴侣"，广告中有的场景是奇巧巧克力和咖啡并排放在桌子上，有的则是某人喝咖啡时要吃一块奇巧巧克力。奇巧巧克力加咖啡，咖啡加奇巧巧克力，所有广告不断地将两者放在一起。

结果，广告大获成功。

那年年末，奇巧巧克力的销量就提高了8%。12个月后，销量提

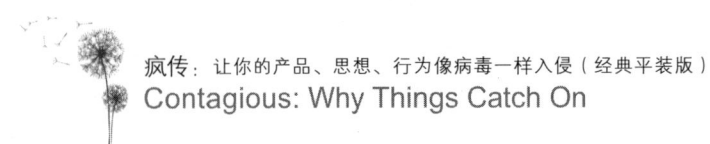

高了1/3。奇巧巧克力加咖啡这一创意让这款巧克力重新登上了历史舞台。当时这一价值3亿美元的品牌现在已增长为5亿美元。

这个广告的成功因素有很多。奇巧巧克力加咖啡的英文是"Kit Kat and Coffee",这个短语的头韵押得很好,并且休息时吃一块奇巧巧克力和休息时喝咖啡的文化非常契合。

不过,我还要强调另外一个原因,那就是诱因。奇巧巧克力和哈密瓜(Kit Kat and Cantaloupe)的英文也押头韵,霹雳舞(Breaking Dance)的英文中也含有休息"break"一词,但是咖啡(Coffee)却是最好的选择,因为人们在日常生活中会经常看到它。喝咖啡的大有人在,有人一天要喝好几杯。所以把奇巧巧克力和咖啡联系在一起,科琳成功地塑造了一个诱因,让人们能够时刻想起这个品牌。

生物学家常说,动植物都有栖息地,栖息地即自然环境,包含维持有机生命所需的所有元素。鸭子需要吃食饮水,鹿在有广袤草地的地方长得最壮。

产品和创意也需要环境,我们需要一系列诱因让人们不断记起它们。

以热狗为例,烧烤、夏季、棒球比赛,甚至腊肠犬等诱因都可以构成让人们想起热狗的环境。

第二章 诱因
Chapter 2: Triggers

我们再对比一下埃塞俄比亚食物的环境。什么最能让人想起埃塞俄比亚食物呢？这种食物当然很美味，但是环境却没有那么常见。

大多数产品或创意都有很多自然诱因。玛氏棒（Mars Bars）和火星（Mars）有天然的联系。玛氏公司不需要做任何事情，这种联系已然存在。同样，法国音乐是法国葡萄酒的一个自然诱因，工作日的最后一天是丽贝卡·布莱克的单曲《星期五》的自然诱因。

不过，我们也可以通过创造新的联系来为某个创意营造环境。通常来说，奇巧巧克力与咖啡没有什么联系，但是通过不断强调两者之间的关系，科琳·科拉克得以将两者联系起来。同样，在那个"餐盘"试验中，我们通过不断强调食堂的餐盘与多吃水果和蔬菜这条信息的关系，成功地将两者联系起来。通过不断营造环境，这些新建立起来的联系将有助于我们期望的行为流行起来。

我们曾与口碑经纪公司一起做过一次试验，研究对象是一家快餐店，名为"波士顿烤鸡连锁店"（Boston Market）。这家快餐店以家常菜（烤鸡和土豆泥）著称，人们主要把这里当成吃午餐的场所。快餐店的管理层希望制造更多的口碑效应，我们认为可以通过环境来达到目的。

在为期六周的活动中，有些人反复看到"波士顿烤鸡连锁店"与

"吃饭"放在一起的信息，比如："想吃饭了？请来波士顿烤鸡连锁店吧！"另外一些人看到的是一个类似的广告，其中的信息告诉人们："想找个餐厅？请来波士顿烤鸡连锁店吧！"然后，我们分别记录了两组人谈论这家快餐店的次数。

结果很惊人。与后者的一般性信息相比，通过打造环境（将"波士顿烤鸡连锁店"与"吃饭"联系在一起），在那些之前仅仅把波士顿烤鸡连锁店当成吃午餐场所的人中，口口相传增加了20%。由此可见，环境有助于口口相传。

此外，竞争对手也可以作为诱因。

公共卫生组织如何与烟草公司等资金雄厚、营销力强大的对手竞争呢？战胜这种不平衡的一种方法就是化薄弱为力量，将竞争对手传递的信息当成自己的信息的诱因。

例如，一次著名的戒烟宣传活动就模仿了万宝路香烟的标志性广告。在一幅画有两个万宝路牛仔的海报上，其中一个人对另一个人说："鲍勃，我得了肺气肿。"每当人们看到万宝路的广告时，都会想到这个戒烟宣传活动。

研究人员将这种策略称为"有毒的寄生虫"，因为这种策略将"毒药"（即你的信息）巧妙地注入对手的信息中，使其成为你要传递信息的诱因。

第二章 诱因
Chapter 2: Triggers

有效诱因是如何炼成的

诱因能够使产品、思想和行为流行起来,但是有些刺激可以成为更好的诱因。

正如我们前文讨论的,诱因出现的频率非常重要。热巧克力与奇巧巧克力也是很好的搭配,这款热饮可以与巧克力的口味形成互补,甚至比咖啡的效果更好。但咖啡却是更有效的诱因,因为人们喝到它、想到它、看到它的频率更高。大多数人只有在冬天才喝热巧克力,咖啡却是四季饮品。

同样,20世纪70年代米狮龙啤酒(Michelob)也成功地开展了一项广告活动,将"周末"与该啤酒品牌联系起来,广告语是"周末要喝米狮龙啤酒"。但是,活动刚开始时的广告语却并非如此,而是"过节要喝米狮龙啤酒"。这句广告语未能产生预期的效果,因为所选的诱因"过节"并不常有。后来,安海斯-布希公司(Anheuser-Busch)将广告语改为"周末要喝米狮龙啤酒",结果大获成功。

但是,除了频率,关联强度也很重要。诱因可以关联的事物越多,关联强度就越弱。这就像在一杯盛满水的纸杯底部戳洞一样。如

101

疯传：让你的产品、思想、行为像病毒一样入侵（经典平装版）
Contagious: Why Things Catch On

果你只戳一个洞，会有一股强有力的水流从中涌出。但是，如果戳多个洞，那么每个洞的水流压力将会减小。如果洞的数量过多，那么你得到的将仅仅是一股股细流而已。

诱因也是如此。举个例子，红色可以让人联想到很多事物，如玫瑰、爱情、可口可乐、跑车等。因为可以联想到的事物无处不在，所以对任何事物而言红色并不是一个很强的诱因。你可以让不同的人说出他们想到的第一个与红色有关的事物，你就会知道我的意思了。

将产品或创意与一个可以联想到很多事物的诱因关联，其实没有比打造一个新颖、原创的关联更有效。

另外还有一点很重要，那就是所选的诱因应该发生在所期望行为的附近。以新西兰一个公益广告为例，这个广告构思巧妙，但最终证明效果并不大。广告中，一位帅气、强健的男士正在洗澡，背景音乐是有关"热流"（HeatFlow）的朗朗上口的旋律。热流是一种新的温度控制系统，可以保证一直供应充足的热水，让你洗一个舒适的热水澡。广告中的男士洗完澡后关掉热水，推开浴室门，迎面一个漂亮的女士扔给他一条毛巾。两人相视而笑，他开始走出浴室。

突然，他滑倒了，头摔到地板上。他躺在那里，一动不动，只有胳膊微微抽搐。这时，广告中出现一句广告语："使用浴室防滑垫，

第二章 诱因
Chapter 2: Triggers

可以防止家人滑倒。"

这个广告的情节很出人意料，绝对会让人铭记于心。每次我在没有防滑垫的浴室中洗澡时，都会想到这个广告。

但是这里却有一个问题。

我不可能在浴室中购买防滑垫，这个广告与实际环境是脱离的。除非我马上走出浴室并打开电脑网购一个防滑垫，否则我必须在逛超市时还记着这个广告。

我们对比一下这个广告与纽约市卫生局的反苏打汽水宣传活动。虽然苏打汽水与我们一天当中吃的所有食物相比，热量相对较低，但是喝甜饮料对体重有很大影响。卫生局不仅要告诉人们苏打汽水中的含糖量，还要改变人们的行为，并让人们向他人宣传。

于是，卫生局制作了一个视频。视频中一个男人打开了一罐看似普通的苏打汽水饮料，当他将汽水倒入玻璃杯时，流出的却是油脂，那是一块又一块的白色脂肪。那个男人拿起玻璃杯，将油脂一饮而尽，就像一个人平时喝普通的苏打汽水一样。

这段喝油脂的视频结束时，有一块巨大的凝固油脂掉落在餐盘中，并慢慢向四周摊开，这时屏幕上出现了一行字："每天喝一罐苏打汽水，一年会增重10磅，你难道不认为你在喝脂肪吗？"

疯传：让你的产品、思想、行为像病毒一样入侵（经典平装版）
Contagious: Why Things Catch On

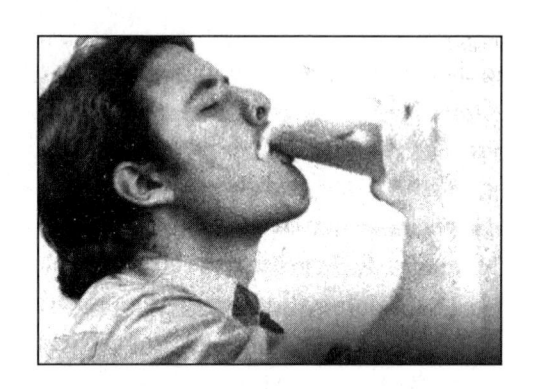

这段视频很巧妙。通过倒出的饮料变成脂肪这一幕，卫生局聪明地利用了诱因。与浴室防滑垫广告不同的是，这段视频在最恰当的时刻，即当人们正考虑喝苏打汽水时，传递出最恰当的信息。

情境的重要性

以上案例都强调了情境的重要性，即诱因所处的环境。在不同的环境要运用不同的诱因。

美国亚利桑那州四周都是沙漠，佛罗里达州到处都是棕榈树，在这里，诱因的效用大小取决于人们所处的地域。

同理，引言中我们提到的百元牛肉芝士三明治是否具有吸引力，取决于具体的城市。

第二章　诱因
Chapter 2: Triggers

不管你在哪个城市，一个价值百元的三明治都足够吸人眼球了。但是，人们想到这款三明治的频率却取决于所在的城市。如果所在之处人们经常吃牛肉芝士三明治（比如费城），那么人们想到百元三明治的频率会更高，但是在其他城市（比如芝加哥），频率就没有那么高了。

即使在同一个城市或地区，人们也会在一年或一天当中的不同时间遇到不同的诱因。例如，我们在万圣节前后做过一项研究，结果发现在万圣节前一天与一周后相比，人们更容易想到橙色的产品（比如橙子汽水或锐滋巧克力）。因为在万圣节前夕，环境中所有的橙色诱因（南瓜和橙色装饰物）都会让人们想起橙色产品，而万圣节一过，这些诱因立刻不复存在，人们也不再会想到橙色产品了，而是开始关注圣诞节或接下来的其他节日。

我们去购物时如何才能记得带购物袋呢？这件事必须在恰当的时间想起来才行。使用可再次利用的购物袋与多吃蔬菜是一个道理，我们都知道应该这样做，我们也很想这样做，且大多数人都有自己的购物袋，但是该用购物袋时，我们却经常忘记带。

我们一到超市就会立刻想起忘带购物袋了。但为时已晚，我们已身在超市，而购物袋却还躺在家中的抽屉里。

一到超市就想起购物袋这件事绝非偶然。超市是购物袋的一个强大诱因，但遗憾的是诱因出现的时机不对。正如广告中的防滑垫一样，虽然会出现在人们的脑海里，但是不合时宜。要想解决购物袋这个问题，我们必须在出家门前就想起携带购物袋。

那么，如何找到有效的诱因呢？其实，购物时必须携带的任何东西，比如购物清单就可以是一个很好的诱因。如果你每次看到购物清单都会想到购物袋，那么再将它落在家里就没那么容易了。

蜂蜜燕麦圈胜过迪士尼乐园吗

回到本章开始提到的那个例子，诱因解释了为什么蜂蜜燕麦圈得到的口口相传多于迪士尼乐园。的确，迪士尼乐园既有趣又令人兴奋，用本书其他章节的话说，它能够提供更多的社交货币，可以激发很多情感（见下一章），但问题是人们不会经常想起迪士尼乐园。大多数人有了孩子后才会去迪士尼乐园，即使那些会去迪士尼乐园的人也不会经常光顾那里，一年一次就算很不错了。另外，当第一次的兴奋之情消失殆尽时，很少有诱因能够让人们再次想起之前游迪士尼乐园的经历。

与之形成鲜明对比，每天都有成千上万的人在早餐时吃蜂蜜燕

第二章 诱因
Chapter 2: Triggers

麦圈,还有更多人每次推着购物车在超市的谷物专区闲逛时都会看到这款蜂蜜燕麦圈的橙色包装。这些诱因使人们更容易接触到这款燕麦圈,同时增加了人们谈论这个食品的机会。

推特上提到蜂蜜燕麦圈和迪士尼乐园的次数足以佐证这一点。蜂蜜燕麦圈出现的频率远远高于迪士尼乐园,但是如果仔细查看数据,就会发现某些特征。

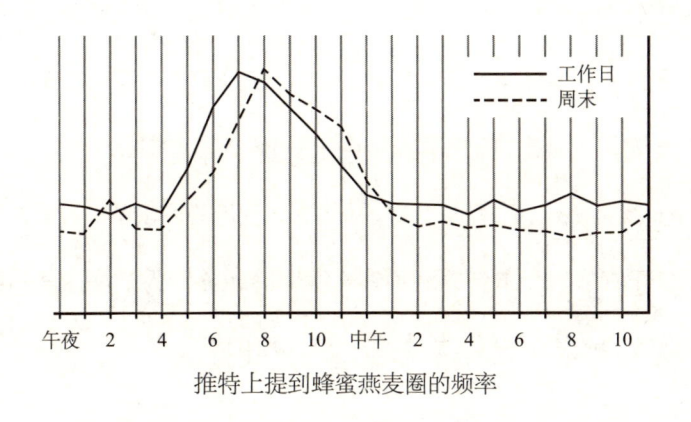

推特上提到蜂蜜燕麦圈的频率

人们每天提到蜂蜜燕麦圈的频率几乎在同一时间达到峰值。第一次提到一般出现在早晨5点,并在7:30到8:00期间达到高峰,而11:00时基本无人提及。这种骤然上升和下降与早餐时间基本一致。人们周末吃早餐的时间通常会稍晚一些,图中曲线也发生了相应的变化。可见,诱因的确会激励人们谈论。

诱因是口口相传和病毒式传播的基石。我们可以用摇滚乐队打个

107

比方，社交货币仿佛是乐队的领奏者，令人兴奋，十分有趣，会得到很多关注，而诱因好比鼓手或贝斯手，虽然不如社交货币那么有吸引力，但却是促进口口相传的主力。人们可能不会对诱因施以很多关注，但它却是成功的基础。某物被诱发的次数越多，人们越可能在第一时间想到它，它成功的概率也就越高。

所以我们需要考虑情境，就像百威啤酒的广告和丽贝卡·布莱克的单曲《星期五》，我们的产品和创意需要利用现有的诱因。另外，我们还需要创造环境，正如科琳·科拉克的奇巧巧克力加咖啡的创意，我们需要将我们的产品与普遍存在的诱因建立关联。

诱因会引导人们讨论、选择并使用某种产品或创意。社交货币会让人们开口分享。二者的区别在于，诱因能够让人们的谈论持续下去，因为头脑中最先想到的事物往往会脱口而出。

第三章 情绪

Chapter 3: Emotion

- 由最常被转发的文章想到的
- 系统分析揭开谜底
- 惊奇的力量
- 任何情感都能成为分享的动力吗
- 点燃行动之火
- 关注情感
- 善用高唤醒情绪
- 婴儿背带引发的抵制潮
- 运动有助于分享

疯传：让你的产品、思想、行为像病毒一样入侵（经典平装版）
Contagious: Why Things Catch On

到2008年10月27日，丹尼丝·格雷迪（Denise Grady）已经为《纽约时报》科学专栏撰稿十余年了。格雷迪独具慧眼，能够捕捉离奇的话题，并且擅长巧妙的叙事手法。她能够用通俗易懂的语言解读专业性很强的话题，因此获得了无数新闻大奖。

10月27日那一天，格雷迪的一篇文章进入《纽约时报》读者转发排行榜。此文刚刚发表几个小时，就有成千上万的读者将其转发给朋友、亲戚或同事。格雷迪的文章创造了病毒式传播的辉煌。

这篇文章讲的是什么呢？讲的是流体力学理论在医疗研究中的应用。

在这篇文章中，格雷迪详细地描述了一种名为"纹影摄影术"的技术，整个过程需要"一个明亮的小光源、一个精确放置的镜片、一个弯曲的镜子、一个挡住部分光线的刀片，以及一些其他设备，用以观测空气波动并将其拍摄成像"。

这听起来没那么有趣，对吧？于是，我们加入了读者俱乐部。当我们让读者给文章打分时，他们给出的分数很低。这篇文章能够创造很多社会货币吗？他们的回答是否定的。这篇文章包含很多实用价值吗？回答还是否定的。

事实上，呈病毒式传播的内容通常都有一些先决条件，如果一一查看，你就会发现格雷迪的这篇文章《呈现在胶片上的神秘咳嗽》基

第三章　情绪
Chapter 3: Emotion

本上一条也不符合。但是,这篇文章显然有某种特质,否则不会有这么多读者转发它。

格雷迪对科学产生兴趣是在上高中时。她曾阅读到罗伯特·密立根(Robert Millikan)著名的测定电子电荷的实验过程。该实验的理念及实验本身都很复杂,其中包括让微小的油滴悬浮于两个金属电极之间,然后测量需要多强的电场才能防止油滴坠落。

格雷迪反复阅读这个实验的过程,直到最后理解为止。当她顿悟时,她的内心如此澎湃。实验的想法十分巧妙,而能够理解它也十分令人兴奋。于是,格雷迪迷上了科学。

毕业后,格雷迪先在《今日物理》杂志社工作,接着在美国科普杂志《发现》和《时代》杂志社工作,随后成为《纽约时报》健康栏目的编辑。她写的文章都有一个共同目的,就是让人们感受到哪怕一点点十年前她顿悟时的兴奋之情,并让人们体验科学的不可思议。

格雷迪在《呈现在胶片上的神秘咳嗽》这篇文章中描述了一位工程学教授用一种摄影技术捕捉到了一种看似无形的现象,即人的咳嗽,并用图像呈现出来。其实,航空专家和军事专家运用这种纹影摄影术已有数年,他们通过这种技术来研究高速飞行器是如何产生冲击波的。但是,文章中提到的那位工程学教授却另辟蹊径,

111

疯传：让你的产品、思想、行为像病毒一样入侵（经典平装版）
Contagious: Why Things Catch On

用纹影摄影术研究肺结核、非典和流感等传染病通过空气传播的过程。

大多数人认为，这篇文章的实用性没有那么强，毕竟大多数人不是研究流体力学的科学家，也不是试图将复杂现象可视化的工程师。

虽然格雷迪是一位才华横溢的科学作家，但一般来说人们更喜欢体育或时尚类的文章。另外，虽然咳嗽是一个很好的诱因，能让人们想起这篇文章，但流感盛行的季节一般在寒冷的2月份，比这篇文章的发表迟了四个月之久。

甚至格雷迪本人都不知道为什么这篇文章会被这么多人转发。作为一名作家，自己的作品如此受欢迎，她非常高兴，但她也想知道为什么自己写的某些作品大受欢迎，而有的则遭受冷遇。

虽然她很聪明，但包括她在内的任何人都无从知道为什么一篇文章会比另一篇受欢迎。到底这篇文章有什么奇特之处，会像病毒般传播开来呢？

经过几年分析，我很高兴地告诉大家，我和我的同事已经找到了答案。我们分析了几千篇《纽约时报》上的文章，其中就包括格雷迪于2008年10月所写的这篇文章，终于知道为什么有些文章会被更多的人分享。

第三章 情绪
Chapter 3: Emotion

格雷迪的文章所配的图片给了我们一条线索。2008年10月,格雷迪浏览《新英格兰医学杂志》时碰到了一篇名为"咳嗽与气溶胶"①的文章,她立刻意识到该研究属于上等写作素材,她可以在此基础上写一篇文章刊登在《纽约时报》上。原文的技术性很强,但所有术语都可以归结为一幅简单的图像,就是这幅图让格雷迪决定下笔写一篇相关的文章。

这篇文章写得很棒。人们分享这篇文章的原因其实是情绪。人们会分享他们关心的话题。

由最常被转发的文章想到的

人类是社会性动物。正如我们在社交货币一章谈到的,人们喜欢与他人分享意见和信息。人们喜欢八卦,不管是善意的还是恶意的,它塑造了人们与朋友和同事的关系。

互联网的设计如今越来越迎合这些自然倾向。如果人们看到一

---

① 气溶胶是指液态或固态微粒在空气中的悬浮体系。雾、烟、霾、微尘和烟雾等都是天然的或人为原因产生的大气气溶胶。——译者注

113

个新的自行车共享计划，或者找到了一个教孩子们轻松解开复杂数学题的视频，人们就很愿意点击"分享"的按钮。

各大新闻或娱乐网站会通过人们的转发记录列出过去一天、一周或一个月内被观看或分享最多的视频、文章或其他内容。

人们经常将这些排行榜视为捷径。互联网上充斥着太多的内容，有无数的网站、博客和视频。单就新闻而言，就有最著名的几十家媒体每时每刻地更新报道。

在这浩瀚的信息海洋中，人们没有时间去靠自己搜索出最优质的内容。所以，人们会先查看别人分享了什么。

因此，分享最多的信息在塑造公共话语方面扮演着极为重要的角色。如果一篇关于金融改革的文章进入阅读排行榜之列，而另一篇有关环境改革的文章却失之交臂，那么最初的这一细微的兴趣差别很快会被放大。随着越来越多的人阅读并分享前面那篇文章，人们可能会坚信金融改革比环境改革更值得政府关注，即使那个金融问题并不重要，而那个环境问题事关重大。

那么，为什么有些内容易被转发，而另一些却不会呢？

要想让文章像病毒一样传播，必须有很多人同时将内容转发出去。你可能很喜欢丹尼丝·格雷迪有关咳嗽的文章，并且也转发给了几个朋友，但是这篇文章要想成为转发频率最高的文章，必须有很多

第三章 情绪
Chapter 3: Emotion

人做出和你一样的决定。

这会是随机的吗？病毒式传播的背后有没有什么固定的模式呢？

系统分析揭开谜底

斯坦福大学研究生的生活并没有那么光鲜亮丽，我的办公室其实根本称不上办公室，它只是一个小隔间，位于一栋大楼的无窗阁楼里。这栋大楼是20世纪60年代建造的，混凝土结构，比较矮小，其建筑风格常常遭人吐槽为"野兽派艺术"，似乎能够承受住手榴弹的直接轰炸。我们学生60人挤在这个狭小的空间内，我自己带了一个盒式荧光灯与另外一个同学公用。

这里只有一点还不错，那就是有电梯。学校希望研究生们无时无刻不在学习，所以给我们每人一张门卡，可以24小时使用那部电梯。我们不仅可以乘坐电梯到达无窗的阁楼，还可以进入图书馆，并且闭馆后也可以畅通无阻。虽然这并非什么奢华待遇，但却很实用。

当时，网络内容的分布还不像今天这么复杂。如今，内容网站会在网上公布转发最多的文章名单，而当时有些纸媒也会刊登类似的名

疯传：让你的产品、思想、行为像病毒一样入侵（经典平装版）
Contagious: Why Things Catch On

单。《华尔街日报》每天都会登出前一天阅读最多以及最常被转发的文章。浏览了几天的报纸，我就被此吸引住了。为什么有些文章被分享的次数更多呢？这些名单似乎可以作为绝佳的数据来源。

于是，就像集邮爱好者收集邮票一样，我开始收集《华尔街日报》最常被转发的文章名单。

每隔几天，我就会乘坐专为我们服务的电梯去寻找"猎物"。晚上，我会带着剪刀来到图书馆，找到一堆最新的报纸，然后小心翼翼地将名单裁下来。

几个星期后，我收集到的名单逐渐增多。在拥有了一大堆新闻剪报后，我可以开工了。我将这些名单输入到电子表格中，开始找寻其中的规律。某一天，"劳累夫妻没了说话的心思怎么办？""为大女孩准备的迪士尼礼服"是转发最多的两篇文章。几天后，"经济学家能解决自闭症问题吗？""为什么鸟类观察者会随身携带iPod和激光笔呢？"又荣登榜首。

从表面上看，这些文章似乎没有什么共性。劳累夫妻与迪士尼礼服有什么关系呢？研究自闭症的经济学家和鸟类观察者又有何干呢？这其中的关联似乎并不明显。

另外，阅读几篇文章似乎无济于事，要想解决问题，必须加快阅读速度，提高效率。

第三章 情绪
Chapter 3: Emotion

幸运的是,我的同事凯瑟琳·米尔克曼(Katherine Milkman)提出了一个提高效率的方法。从纸质报纸上手工摘取信息太慢,为什么不设计一个自动程序呢?

在一位电脑程序员的帮助下,我们开发了一个电脑爬虫程序。该程序就像一个永远不知疲惫的读者,每隔15分钟就会自动浏览《纽约时报》的主页,并记录所看到的内容,不仅包括每篇文章的标题与正文,还有作者及刊登位置(主屏或链接)。同时,它还会记录文章所属的栏目(比如健康或财经)以及所在页数(头版或第三版的最后)。

经过六个月的时间,我们建立了一个庞大的数据库,包括这段时间《纽约时报》发表的每篇文章,总计近7000篇文章,涵盖国际新闻、体育、健康、科技等各个领域。另外,我们还统计了哪些文章属于最常被转发的文章之列。

我们不是研究某个人分享了什么文章,而是分析所有读者的分享内容,不论年龄、地位或其他人口统计特征。

现在,我们可以开始分析了。

首先,我们研究了每篇文章属于哪一类话题,比如健康、运动、教育或政治。

结果显示,教育类文章比体育类文章更可能成为最常被转发的文章，而健康类文章也比政治类文章更具传播力。

研究开始有了眉目，我们希望弄清楚分享背后的动因，而非仅仅描述被分享内容的属性。没错，体育类文章的转发次数没有餐饮类文章多，这到底是为什么呢？这就像人们更喜欢分享猫的图片，更喜欢谈论互射游戏中的彩弹球而非乒乓球，但我们并不知道具体原因，也无法对猫或彩弹球以外的领域做出预测。

人们愿意分享事物可能有两个原因，一是有趣，二是有用。正如我们在社交货币一章中讨论的，有趣的事物令人愉快，可以让分享的人脸上有光。同样，我们将在实用价值一章中谈道，分享有用信息可以帮助他人，也会让分享的人脸上有光。

为了验证这些理论，我们聘用了一些研究助手，让他们给《纽约时报》上文章的有趣性和实用性打分。他们认为，像"谷歌如何使用搜索数据追踪流感的传播"这类文章十分有趣，而一场百老汇歌剧演出人员的变化则没那么有趣。如何控制自己的信用评分之类的文章十分有用，而一位不知名的歌剧演员的讣告则看起来没有什么用处。我们将他们打出的分数录入一个统计分析程序，该程序可以自动将这些分数与最常被转发的文章进行对比。

正如我们所预期的，这两个特性都会影响分享。最有趣的文章成为最常被转发的文章的概率会高出25%，而最有用的文章则会高

第三章　情绪
Chapter 3: Emotion

出30%。

这些结果可以解释为什么健康和教育类文章被分享的次数更多。这类话题的文章一般都比较有用，例如长寿和幸福的秘诀、为孩子寻求最佳教育方法等。

但是，还有一类话题似乎有些格格不入，那就是科学类文章。一般来说，这些文章并不像更为主流的文章那样拥有社交货币或实用价值。不过，像丹尼丝·格雷迪那篇有关咳嗽的文章却赛过了政治、时尚或财经新闻，成为最常被转发的文章，这是为什么呢？

原因是，科学类文章常常涉及创新和发现，会在读者中引发一种特殊的情感。是什么情感呢？那就是惊奇。

惊奇的力量

想象一下，你正站在科罗拉多大峡谷的边缘，血红色的峡谷向四面八方无限延伸。向脚下望去，岩壁极为陡峭，你感到头晕目眩，不知不觉地后退几步。岩石十分贫瘠，几乎没有植被，你仿佛置身于月球上一样，而苍鹰则在岩石的缝隙中盘旋而过。眼前的景色让你叹为观止，你觉得自己如此渺小，却又居高临下。这就是惊奇的感觉。

疯传：让你的产品、思想、行为像病毒一样入侵（经典平装版）
Contagious: Why Things Catch On

心理学家达谢·凯尔特纳（Dacher Keltner）和乔纳森·海德特（Jonathan Haidt）表示，惊奇是一种惊喜、神奇的感觉，渊博的知识、如画的景色、雄伟的山河或超凡的力量都会使人产生这种感觉。当面临比自己伟大的事物时，人们就会有惊奇感。惊奇感能够扩大人们的参照系，促使人们不断超越自我。惊奇感涵盖崇拜与感悟，从伟大的艺术作品到宗教改革，从气象万千的自然景观到人类的勇敢壮举，能够激发这种感觉的事物不一而足。

惊奇是一种复杂的情感，往往是惊异、出乎意料或神奇之感杂糅在一起的结果。事实上，正如爱因斯坦所说："我们所能经历的最美好的情感是惊奇感，它是所有真正的艺术和科学的源泉。谁对这种情感感到陌生，谁对它漠然无奇、敬而远之，谁就无异于行尸走肉。"

很多读者看完《纽约时报》上的科学文章后都表示很惊奇，而非其他情感。以《呈现在胶片上的神秘咳嗽》为例，那张咳嗽的图片十分令人震惊，既给人们一种视觉感受，也传递了一种信息：像咳嗽这么平常的事也可以被拍成照片，而这其中的秘密可以解开几百年来的医学谜团。

我们决定验证一下惊奇感是否会促使人们分享。我们又让研究助手重新根据文章带来的惊奇感进行打分。有关艾滋病新疗法的文章，或者一名患脑癌的曲棍球守门员在比赛中与对方打成了平手的文

第三章　情绪
Chapter 3: Emotion

章，给读者带来的惊奇感很高，而有关购物优惠的文章带来的惊奇感很低，甚至为零。接下来，我们使用统计分析的方法对比了文章的得分以及分享的次数。

我们的直觉是对的，惊奇感的确会促进人们分享。

令人惊奇的文章成为最常被转发的文章的可能性比普通文章要高30%。此前在社交货币和实用价值方面得分较低的文章，比如格雷迪的有关咳嗽的文章，以及大猩猩失去亲人时会像人类一样伤心的文章，之所以成为最常被转发的文章，原因就在于它们能够让人们惊奇不已。

互联网上传播力最强的视频也能够激起人们的惊奇感。

让我们再看一个案例。一位身材臃肿的大妈走上《英国达人秀》的舞台，人们开始偷笑。她很像学校食堂里打饭的阿姨，而非一位歌手。对于这个舞台来说，她的年纪有些太大了，已经47岁的她，比其他选手的年龄高出两倍多。

更糟糕的是，她的穿着实在有些老土。其他选手都打扮得光鲜亮丽，为一炮走红做好了充分的准备，有的穿着性感，有的冷峻潇洒，有的则是时尚达人。选手们穿着合身的连衣裙、精致的马甲，佩戴着亮丽的丝巾。但是，这位大妈似乎是一个反例，她的服装既像老式的窗帘布，又像二手的复活节连衣裙。

并且，她还很紧张。评委问她问题时，她回答得结结巴巴。"你的梦想是什么？"评委问道。她的回答是成为一名职业歌手，此时你可以明显看出评委的想法：太搞笑了！就凭这样的体态和穿着还想成为职业歌手？镜头中的观众爆笑不已，就连评委也忍不住笑了。很显然，人们希望她赶快下台。所有迹象均预示，她的表演会很糟糕，她很快就会被淘汰。

但是，正当事情不能再糟糕时，她的歌声响起了。

时间似乎静止了。

太令人激动了。

当歌剧《悲惨世界》的第一句歌词"我有一个梦想"响起时，苏珊·波伊尔的美妙歌声就仿佛灯塔一样，照亮了人们的心灵。这歌声太震撼了，太动听了，观众的每根汗毛似乎都立了起来。评委们惊呆了，观众中响起了欢呼声，每个人都报以热烈的掌声。有的人激动得热泪盈眶。苏珊大妈的惊艳表演让所有人都无话可说。

苏珊大妈在《英国达人秀》的首场表演成为点击量最高的视频之一。仅仅9天时间，这段视频就被观看了1亿多次。

凡是看过这段视频的人，几乎都会因苏珊大妈的歌声和勇气而感到震撼。那场面不仅感人，而且令人惊奇。正是这种情感促使人们将之传播开来。

任何情感都能成为分享的动力吗

我们对《纽约时报》的文章进行初步分析后,又有了新的问题:只有惊奇感会促使人们分享吗?其他情感会不会产生同样的效果呢?

我们有理由相信任何一种情感都可能成为分享的动力。与他人谈心往往会加深我们的感受;如果我们升了职,那么把这件事告诉别人会让我们有庆祝的感觉;如果我们被炒鱿鱼,那么向别人倾诉会帮助我们排泄悲伤的情感。

分享情感还有助于人们加深彼此之间的关系。假设我看了一段惊人的视频,比如苏珊·波伊尔的视频,然后与一个朋友分享,他可能也会很震惊。这种共同的情感会加深我们彼此之间的关系,还突出了我们的共性,并提醒我们是多么意气相投。因此,分享情感有点儿像社交黏合剂,有助于我们维系并加固彼此的联结。即使我们身处异处,同样的情感也会将我们紧紧连在一起。

不过,分享情感的这些好处并不仅仅源自惊奇感,实际上各种情感都适用。

疯传：让你的产品、思想、行为像病毒一样入侵（经典平装版）
Contagious: Why Things Catch On

如果你发给同事一段笑话，你们两人都觉得十分好笑，就会加深你们的关系；如果你发给堂兄一篇专栏文章，你们两人都觉得义愤填膺，就说明你们观点一致，是同一类人。

那么，人们更愿意分享哪种情感呢？

为了研究这个问题，我们选择了另外一种情感，即悲伤，然后重新分析数据。我们让研究助手根据文章所引起的伤心程度进行打分。悼念祖母去世的文章得分较高，而高尔夫球手获胜的文章得分很低。如果任何一种情感都会助力分享，那么悲伤应该和惊奇感一样具有积极的效果。

但是事实并非如此，"悲伤"这种情感的效果恰恰相反。让人悲伤的文章成为最常被转发的文章的可能性比普通文章要低16%。人们不太愿意分享悲伤之事是为什么呢？

不同情感之间最显著的区别就在于是否具有愉快感或正能量。惊奇之物一般会令人愉快，而悲伤之物则恰恰相反。那么，是不是积极情绪会促进分享，而消极情绪会起到抑制的作用呢？

一直以来，人们都在思考积极情绪和消极情绪与谈论和分享的关系。传统观点认为，负面信息的传播力更强。想想新闻业那句老话："流血即流量。"这句话的前提是，坏消息会比好消息更吸引人、更让人感兴趣。所以，晚间新闻总是这样开头："你的地下室中正潜伏着

第三章　情绪
Chapter 3: Emotion

各种健康隐患，想要了解更多信息，请观看接下来六点钟的新闻。"编辑和制片人都认为，负面信息有助于锁住观众的眼球。

虽然如此，我们也有足够的理由相信：人们更喜欢分享好消息。毕竟大多数人都希望让别人快乐或喜悦，而非忧愁或悲伤。正如我们在社交货币那章提到的，人们是否愿意分享一般取决于别人会怎么看待自己。正面信息被分享的次数可能更多，因为正面信息会让分享之人给别人留下良好的印象。没有人想要成为丧气鬼，而总和别人分享悲伤沮丧的事。

那么，是不是正面信息比负面信息更可能被分享呢？还是反过来？

我们再次回到数据库并计算了每篇文章的积极指数。这次，我们使用了心理学家杰米·帕内贝克（Jamie Pennebaker）开发的文本分析程序。该程序通过计算文章出现不同情感词汇的次数，来量化文章的积极指数或消极指数。例如，"我喜欢这张卡片，她真是贴心"这句话就是正面的情感，因为其中包括"喜欢"、"贴心"这样表示积极情绪的词汇。而"她真让人讨厌，她伤害了我"这句话则是负面的情感，因为其中包括"讨厌"、"伤害"这样表示消极情绪的词汇。我们由此计算了每篇文章的积极指数和消极指数，然后分析这些指数与它们能够成为最常被转发的文章有什么关系。

125

疯传：让你的产品、思想、行为像病毒一样入侵（经典平装版）
Contagious: Why Things Catch On

答案很明确：包含正面情感的文章更可能被分享。"初到纽约的人爱上了这座城市"这样的文章成为最常被转发的文章的可能性要比"一位知名的动物园管理员去世"的文章高出13%。

最后，我们坚信已经弄清楚情感与分享的关系，即人们似乎更喜欢分享正面的事物，而避免负面的事物。

但是，为了确定消极情绪是不是一定会抑制分享，我们分配给研究助手最后一项任务。我们又选择了两种情感，即气愤和焦虑，然后让研究助手据此给每篇文章打分。

像"华尔街金融大佬在经济低迷期仍获丰厚奖金"这样的文章会激发人们的愤怒，而"夏天穿什么T恤"这样的话题则完全不会引发任何不满。股市下滑的文章会让人们焦虑万分，而艾美奖提名则不会引起任何不安。如果人们真的愿意分享正面信息而摒弃负面信息，那么气愤和焦虑也会像悲伤一样阻碍人们的分享。

但事实并非如此，能够激发愤怒或焦虑的文章更可能成为最常被转发的文章。

现在，我们可真糊涂了。很显然，文章的正面性和负面性与人们的分享次数有关，但实际情况却复杂得多。

第三章 情绪
Chapter 3: Emotion

点燃行动之火

人们将情感分为积极情绪或消极情绪，即使没有几千年历史，也有数百年的时间了。就连小孩儿都能告诉你，幸福或兴奋之感胜过悲伤或焦虑之情。

不过最近心理学家表示，还可以通过另外一种维度对情感进行分类，即心理唤醒或激活。

什么是心理唤醒呢？想一想上次你在众目睽睽之下发表演讲，或是在一场大赛中你的团队离成功只有一步之遥时，你脉搏加速，手心出汗，能感受到自己的心跳。另外，看一场恐怖电影，或者野营时听到帐篷外诡异的叫声，虽然你在心里一直告诉自己并没有危险，但你的身体却坚信危险已经来临。这时，你所有的感官都更加敏感，你的肌肉紧张起来，你对各种声音、气味和动作都十分警觉。这就是心理唤醒。

心理唤醒是一种激活的状态，让你随时准备行动，你会因此心跳加速，血压上升。从进化角度讲，心理唤醒源自我们祖先的爬虫类

脑[2]。心理唤醒会激发生物的反应，例如是战是逃，它有助于捕食或逃跑。

现在，我们无须再为食物进行狩猎，也不用担心自己是否会被野兽吃掉，但是心理唤醒仍有助于我们的日常行动。唤醒时，我们就会行动。我们扭绞双手，来回踱步；我们向空中挥拳，在客厅里到处跑。唤醒点燃了我们的行动之火。

愤怒和焦虑等属于高唤醒情绪。我们生气时，会向客服代表大呼小叫；我们不安时，会一遍又一遍地检查东西。积极情绪也会起到唤醒的作用。以兴奋为例，当我们兴奋不已时，总想做点什么，而不是坐着不动。惊奇感也是如此，当我们感到震撼时，会迫不及待地与人分享。

不过，其他情感却恰恰起到相反的作用，它们会熄灭行动之火。

以悲伤为例，不管是经历了一场痛苦的分手，还是失去了心爱的宠物，人们都会感到悲伤，意志消沉。人们会因此穿上舒适的衣服，蜷缩在沙发上，吃一盒冰激凌来排解悲伤的心情。满足感也同样会影响人们的行动。当人们感到满足时，身心都会放松。人们因此心跳变

---

[2] 人的大脑具有三重构造：爬虫类脑、猫狗类脑、人脑。爬虫类脑也叫原始脑，是所有动物大脑的核心部分，它掌管着所有动物的本能活动，例如饿了找食物吃，遭遇追捕时用尽力量逃走等。

缓，血压降低。虽然人们快乐，但什么也不想做。想一想洗完热水澡或按摩完之后，你是什么感觉？你很可能会安静地坐着，继续放松，而不是一跃而起，开始一场新的活动。

	高唤醒	低唤醒
积极情绪	惊奇 兴奋 快乐（幽默）	满足
消极情绪	愤怒 焦虑	悲伤

　　意识到情绪唤醒的重要作用后，我们又回到了数据中。回顾一下我们现在已经得出的结论：惊奇会促进分享，而悲伤会抑制分享。不过，我们未能证明积极情绪会促进分享，消极情绪会抑制分享。相反，我们发现有些消极情绪，比如愤怒和焦虑，实际上也会促进分享。那么，心理唤醒是否就是解开这个谜团的钥匙呢？

　　答案是肯定的。

　　心理唤醒有助于我们将现已得出的不同研究结果综合起来。愤怒和焦虑会促进人们分享，因为这两种情绪像惊奇一样，都属于高唤醒情绪，它们能够燃起行动之火，激发人们做出反应。

129

疯传：让你的产品、思想、行为像病毒一样入侵（经典平装版）
Contagious: Why Things Catch On

心理唤醒还可以解释人们为什么会分享搞笑的事。一个小孩在牙所麻醉后的反应（《看牙医的戴维》），一个婴儿咬哥哥的手指（《查理又咬我的手指了！》），以及一个独角兽去糖果山后肾被偷走了（《独角兽查理》），这些都是YouTube上最受欢迎的视频，点击量总计超6亿次。

我们可能会说，这些视频的疯传只是因为它们很搞笑，但其实还有一个更基本的原因。想一想你最近一次听到的超级笑话，或者看到的幽默视频，你一定觉得必须得分享给朋友。正如那些令人振奋的消息，或者令人发指的消息，搞笑的内容之所以会被分享，是因为快乐属于高唤醒情绪。

不过，悲伤等低唤醒情绪却会起到反作用，满足感也是一样。满足虽然不是消极情绪，还会让人们感觉良好，但人们不愿意谈论或分享的原因是满足会抑制心理唤醒。

美航联通过一次巨大的损失懂得了唤醒会激励人们分享。戴夫·卡罗尔（Dave Carroll）是一位非常出色的音乐家，他的乐队"马克斯韦尔之子"（Son of Maxwell）虽然不是最有名的重磅乐队，但通过专辑、巡演和衍生品也算收入颇丰，乐队成员都过着丰裕的生活。虽然人们不会把戴夫的名字文在胳膊上，但他的名气也不差。

第三章　情绪
Chapter 3: Emotion

一次，他和乐队要去美国内布拉斯加州参加演出，他们乘坐的美联航飞机要在芝加哥转机。飞机座位上方的行李架很窄，就连一个很小的行李都放不下，对这些音乐家来说就更不方便了。戴夫乐队的吉他根本无法放到行李架上，所以他们不得不把吉他与其他行李一起托运。

但是，当他们正要在芝加哥奥黑尔国际机场下飞机时，一位女士大喊："天哪，他们正在扔吉他。"戴夫急忙朝外看去，正好看到搬运工把他珍贵的吉他抛在空中。

戴夫立刻起身向空乘人员寻求帮助，但无济于事。一位乘务员让他找乘务长，但乘务长却说这不是她的分内工作。另一位乘务员搪塞说，可以在飞机落地后找登机门服务员处理此事。

戴夫到达奥马哈时正值中午12:30，他发现机场空无一人，一个工作人员也找不到。

戴夫走到取行李处，小心翼翼地打开吉他箱，他最担心的事发生了，价值3500美元的吉他被摔坏了。

但是，戴夫的故事才刚刚开始。在接下来的9个月里，他一直在和美联航交涉，希望得到赔偿。他向美联航提出修理吉他的索赔要求，但遭到拒绝。美联航列出了一长串理由，辩称如果行李损坏，就应该在24小时内提出索赔要求。机票上确实印着这句话，只是字很

131

小。正因为戴夫错过了这24小时，所以美航联"爱莫能助"。

戴夫对美航联的处理结果十分气愤，而出色的音乐家都有着发泄情绪的独特方式：他为此写了一首歌。歌词描述了他自己的这番经历，然后配上音乐，将这首名为《美联航摔吉他》的音乐视频上传到YouTube上。

戴夫上传视频后的24小时之内，就收到了近500条评论。大多数评论者都有过与戴夫相似的经历，也对美联航十分不满。不到四天的时间，这段视频的点击量超过130万次。而在十天内，点击量达到300万次，评论达1.4万条。2009年12月，《美联航摔吉他》被《时代》周刊评为2009年最热门的十大视频之一。

美联航几乎立刻感受到了负面影响。这段视频上传的四天内，它的股票下跌了10%，相当于1.8亿美元。虽然美航联最终向塞隆尼斯·孟克爵士音乐学院捐赠3000美元，以示友好，但很多业内人士认为美联航因为这次事件遭受了永久的损伤。

关注情感

人们普遍认为营销信息的重点往往是信息本身。公共卫生官员

第三章　情绪
Chapter 3: Emotion

知道，如果青少年不吸烟，吃更多的蔬菜，就会更加健康。人们认为，如果公共卫生官员能够清晰简洁地列出这些事实，就会有显著效果——青少年将会注意到这些信息，并在权衡利弊之后采取相应的行动。

但是，仅仅罗列信息是不够的。大多数青少年并不吸烟，因为他们认为这有害健康。而大嚼巨无霸和大份薯条，同时大喝可乐的人大多对健康隐患置若罔闻。所以，仅仅列出信息并不会改变人们的行为，人们还需要其他动力。

这时，情感就派上用场了。我们不用反复强调这些事实，而需要更多地关注情感，那些可以激励人们行动的情感。

在激发情感方面，有些产品或创意似乎更胜一筹。一个时尚的新休息室比优秀的物流管理更容易让人们产生兴奋之情，宠物和婴孩比银行或金融政策更能激发人们的情感。

不过，任何产品或服务其实都能够聚焦情感，即使那些看似没有情感诱因的产品或服务也是如此。

以网络搜索引擎为例，搜索引擎可以被看成我们能想到的与情感最无关的产品。人们希望在最短的时间内得到最精确的搜索结果，而这些结果背后却是一系列复杂的科技：链接加权、索引、排序算法等。这个产品很难让人们燃起热情或泪眼盈盈，对吧？

133

疯传：让你的产品、思想、行为像病毒一样入侵（经典平装版）
Contagious: Why Things Catch On

不过，谷歌却通过它的创意广告《巴黎之爱》（*Parisian Love*）做到了这一点。

2009年，安东尼·卡法罗（Anthony Cafaro）从美国纽约视觉艺术学院毕业时，从未想过会成为谷歌的一员，因为此前从视觉艺术学院出来的人没有在谷歌工作的。人们都知道，谷歌汇集的是技术人才，而非设计师。但是，当卡法罗听说谷歌正在面试平面设计专业的毕业生时，他认为应该试一试。

面试进行得十分顺利。结束时，卡法罗似乎已经和面试官成为了很好的朋友。卡法罗拒绝了很多广告公司的工作邀请，毅然加入谷歌新成立的团队"创意实验室"。

但是，几个月后，卡法罗发现创意实验室的工作方式与公司的整体风格不太一致。伟大的平面设计是发自内心的，它像艺术一样可以打动人心，激发人们的内心情感，但谷歌却以分析为中心，而非情感。

有一次，一位设计师建议用某种蓝色作为工具栏的背景颜色，因为这种颜色可以给人一种很好的视觉效果。但是，产品经理坚持不用这种颜色，而让该设计师用定量研究证明自己的选择。在谷歌，颜色并不仅仅是颜色，还是用数学方法做出的决策。

卡法罗的第一个项目也碰到了同样的情况。谷歌希望创意实验室

第三章 情绪
Chapter 3: Emotion

设计一些内容来突出谷歌新搜索界面的功能,比如查询航班、自动更正和多语种翻译。其中一种可行的方法是教使用者如何获得更好的搜索结果及如何使用这些功能。另一种方法就是设计一个名为"谷歌每日一则"(A Google A Day)的小游戏,玩家需要使用搜索技巧来解答复杂的问题。

这两种方法,卡法罗都很喜欢,但总觉得缺了点什么,那就是情感。

谷歌的搜索界面很强大,搜索结果也很实用,但是这个界面不会让人开心,也不会让人难过。一个演示就能将界面介绍清楚,不过卡法罗想让界面更人性化一些,他不仅想展示功能,还希望打动用户。他想在界面与用户间建立一种情感联系。

于是,卡法罗与创意实验室的同事制作了一个《巴黎之爱》的视频。这段视频讲述了一个爱情故事,其中涵盖了谷歌各个时期的搜索功能。视频中没有人物,甚至没有声音,只有输入搜索栏的词句及出现的搜索结果。

一开始,一个小伙子输入了"法国巴黎留学",然后点击了最上方的一个搜索结果,开始了解更多的信息。随后,他输入"卢浮宫附近的咖啡厅",浏览后选择了一个他认为自己会喜欢的咖啡厅。当他输入下一条"翻译tu es très mignon"时,出现了一位女子的笑声,

疯传：让你的产品、思想、行为像病毒一样入侵（经典平装版）
Contagious: Why Things Catch On

搜索结果是这句法语的意思"你很可爱"。他马上找寻如何"打动法国女孩"的意见，读罢开始搜索巴黎的巧克力店。

随着剧情的展开，音乐的节奏也随之变快。搜索的人从寻求异地恋的建议到查找巴黎的工作，再到查询飞机的降落时间和搜索巴黎的教堂（此时配有教堂的钟声）。最后，当音乐到达高潮时，人们看到他正在查询如何组装婴儿床。视频结束时，只简单地出现了几个字："继续搜索"。

看这段视频时，人们的心也不知不觉地被其触动。这段视频同时展现了浪漫、快乐与激动。这段视频我已经观看几十遍了，但每次观看时，我都能感受到心中泛起的涟漪。

当创意实验室将这段视频呈现给谷歌搜索的营销团队时，每个人都很喜欢。谷歌CEO的妻子也很喜欢它。所有人都想把这段视频分享给别人。在谷歌内部，大家对这段视频的反应的确不同凡响，于是谷歌决定将其公开，呈现给广大的用户。正是因为关注情感，谷歌将一个普通的广告打造成了被疯狂传播的视频。

这段视频没有聘请收费高昂的广告公司，也没有投资百万于目标群众。卡法罗与全国设计团队中选出的四名学生共同完成了这段视频。他的团队并没有单单强调最新的搜索功能，而是让人们记起他们对谷歌搜索的喜欢。正如创意实验室一名员工所言："搜索引擎给出

第三章　情绪
Chapter 3: Emotion

的结果并非最好的结果，因为最好的结果只出现在人们的生活中。"这句话说得很好。

在《让创意更有黏性》这本书中，奇普·希思和丹·希思认为可以通过"问三次为什么"找到一个创意的情感核心。写下你认为人们在做某事的原因，然后问三次"为什么这样做很重要"。每次都要记下你的答案，最后你会发现答案越来越深入，越来越接近创意的核心及其背后隐藏的情感。

以上网搜索为例：

为什么搜索很重要？因为人们想快速找到信息。

为什么人们要这么做呢？因为这样他们就可以找到自己要找的答案。

为什么他们要找到这些答案呢？因为他们想与人建立关系，达到自己设立的目标，实现自己的梦想。

这时，答案开始涉及情感了。

想让人们讨论全球变暖问题并共同改变现状，不要只是指出这个问题多么严重，或是列出关键的统计数据。重要的是，要弄明白如何让人们关心此事，比如指出北极熊正濒临死亡，或者孩子们的健康正受到威胁。

疯传：让你的产品、思想、行为像病毒一样入侵（经典平装版）
Contagious: Why Things Catch On

善用高唤醒情绪

当利用情感促进人们分享时，别忘了选取那些能够点燃行动之火的情绪，即选择高唤醒情绪来激励人们的行动。

往好的方面说，要告诉人们如何能够做到与众不同，以此来激励他们。往不好的方面说，要让人们愤怒（注意不是悲伤），以确保北极熊的故事会激发人们的热情。

只要在一个故事或广告中添加一点点唤醒元素，就会大大提升人们分享的意愿。在一个试验中，我们改变了一个故事的细节，使其激起更多的愤怒。在另一个试验中，我们让广告变得更搞笑。

这两个试验的结果基本一致，更愤怒或更搞笑会促进人们分享。这些情感会增强故事或广告的唤醒能力，从而促进传播。

消极情绪同样能够促进人们谈论和分享。广告往往会从最积极的角度呈现产品或创意。从剃须刀到冰箱，广告中呈现的往往都是微笑的人们赞美产品带来的好处。营销人员也会极力避免消极情绪，因为他们担心消极情绪会给品牌带来负面影响。

不过，如果使用得当，那么消极情绪也能促进口口相传。

第三章 情绪
Chapter 3: Emotion

2001年，宝马公司做了一次漂亮的广告宣传。这家德国汽车公司推出了一系列网络短片，即《宝马汽车广告精选》(The Hire)。在典型的汽车广告中，宝马汽车一般会行驶在田园般的乡村小路上，主打舒适和气派，而这一系列短片呈现的却是绑架、FBI追捕，以及惊心动魄的经历。虽然这些短片带来的恐惧和焦虑并非积极情绪，但却令人高度兴奋，仅仅四个月，这些视频的点击量就超过了1100万次。与此同时，宝马汽车的销量也增长了12%。

我们还可以以公共健康广告为例。吸烟可以导致肺癌，肥胖会缩短人们至少三年的寿命。当我们想让公众认识到这些事实时，很难从正面描述。但是，某些负面情绪有时更有效，可以促使人们进行口口相传。

我们在诱因一章中曾谈到一个男子喝油脂的公益广告。其中，一块巨大的凝固油脂掉在了盘子上。这个情景太恶心了！不过，因为恶心属于高唤醒情绪，可以促进人们分享这个公益广告。设计能够使人焦虑或恶心（高唤醒）而非悲伤（低唤醒）的信息，能够促进传播。消极情绪如使用得当，也可以成为促进分享的有力工具。

接下来，我们要谈谈婴儿背带了。

139

疯传：让你的产品、思想、行为像病毒一样入侵（经典平装版）
Contagious: Why Things Catch On

婴儿背带引发的抵制潮

2008年创造了很多第一次：中国首次举办奥运会，非裔美国人首次当选美国总统。还有一件事你可能不知道，那就是首次庆祝国际抱婴周。

用背带或其他工具抱婴儿已有数千年的历史了。有些专家表示，这种做法可以加强母婴关系，提高母婴健康。但是，随着婴儿车等工具的普及，很多家长与古老的抱孩子方法已渐行渐远。于是，为了提高全球的意识，鼓励妈妈们重新思考抱孩子的好处，2008年举办了一次庆祝活动。

止痛药美林的生产商麦克尼尔消费者医疗保健公司（McNeil Consumer Healthcare）将人们这一兴趣的增长视作一个绝好的商机。当时，美林的广告语是"我们能感受你的疼痛"。为了拉拢妈妈群体，该公司制作了一则广告，主题是关于妈妈用背带抱孩子所引起的疼痛。广告指出，虽然抱孩子对小孩有很多益处，但与此同时妈妈们的后背、颈部和肩膀要承受很大的拉力。

公司的初衷是对妈妈们表示支持，并且想表示美林理解妈妈们的

第三章 情绪
Chapter 3: Emotion

疼痛，并且可以帮助她们。但是，很多妈妈博主的看法却不同，她们认为广告的画外音是抱孩子才让她们看起来是一位真正的好妈妈。还有一点是，广告含沙射影地表示，妈妈抱孩子是一种时尚宣言。

很快，数千名妈妈加入进来，有一位妈妈大声疾呼："抱孩子才不是什么时尚宣言，有这种想法真让人发指！"类似的帖子如雨后春笋般涌现。很多发帖子的妈妈都表示会抵制这家公司，并在推特上掀起了抵制风潮。《纽约时报》《广告时代》等很多媒体对该事件进行了报道。很快，在谷歌上搜索"美林"或"头疼"，最前面的10个搜索结果中有7个都指向麦克尼尔消费者医疗保健公司的营销灾难。

最后，在经历了很长一段时间后，该公司终于将广告从其网站上撤除，并发表了一长篇致歉信。

科技的日新月异使拥有共同兴趣或共同目标的人更容易连接起来。社交网络为人们的快速连接提供了便利的平台，志同道合的人可以相互联系，分享信息，协调行动计划。

当人们距离较远或所面临的问题具有微妙的政治或社会意义时，科技就尤为有用了。

在这些发展迅速的社会活动中，有一些具有非常积极的意义，比如帮助迷途的青少年走上正轨并看到生活的希望。

但有些时候，评论和活动从本质上说是具有负面意义的。例如，

141

捏造的信息也许会大行其道，恶意的谣言也许会愈演愈烈。那么，我们能否预测哪些评论会无人理睬，哪些评论会吸人眼球呢？

要回答这个问题，我们还是要回到心理唤醒。某些负面情绪升级的可能性更大，因为它们有很强的心理唤醒作用，更可能被广泛传播。例如，表达对客服不满的愤怒的长篇大论，或者某些令人不安的谣言认为新的健康计划可能会减少人们的福利，这些情绪的传播力比悲伤或失望更强。

教师和校长应该对有唤醒作用的伤害性谣言尤为警惕，因为这些谣言更可能被广泛传播。同样，美林的生产商本可以通过监测网络舆论，在抵制之风刮起前就安抚人们的不满。及早对这些高唤醒情绪做出反应，有很大的机会在这种情绪之焰愈演愈烈前将其扑灭。

运动有助于分享

关于情绪还有最后一点值得一提。

沃顿商学院有一个行为科学实验室，会付费雇用被试参加各种各样的心理试验和营销试验。试验往往要求被试在线上或线下填写一些调查问卷。

第三章　情绪
Chapter 3: Emotion

几年前11月的一天，我曾请一些被试来参加一项试验，而这次的要求与以往不太一样。

其中一半被试被要求静静地坐在椅子上放松60秒钟。这看上去非常简单。

而另一半被试则要在原地慢跑一分钟。不管他们穿的是运动鞋还是高跟鞋，是牛仔裤还是休闲裤，都必须在实验室中央慢跑60秒钟。

很显然，在听到我们的要求后，有些被试抛来了疑惑的目光，但所有人都还是服从了。

他们按要求做完这个试验后，又加入了另一个看似无关的试验。试验人员给了他们每人一份校报最近刊登的一篇文章。他们被告知，试验人员想知道他们是否愿意与他人分享这篇文章。在阅读后，他们可以选择将这篇文章用邮件的形式发给他们想分享的任何人。

实际上，这个"不相关"的试验才是我的初衷。我想验证一个简单却又错综复杂的假设。在此之前，我们已经得出结论，即能够唤起情绪的内容或经历更可能被人分享。不过，我还想知道心理唤醒的效果是否更为广泛。如果心理唤醒能够促进分享，那么是不是任何一种心理唤醒都有类似的作用？

原地慢跑就是一个很好的验证。原地慢跑虽然不会激发情感，但

143

疯传：让你的产品、思想、行为像病毒一样入侵（经典平装版）
Contagious: Why Things Catch On

与心理唤醒一样，也会使人心跳加快、血压上升。所以，如果任何一种心理唤醒都能促进分享，那么原地慢跑也应该如此，即使人们谈论或分享的事物与心理唤醒的原因没有任何关系。

结果恰恰如此，那些原地慢跑的学生中，有75%的人分享了那篇文章，是那些"坐着放松"的学生的两倍多。所以，任何一种心理唤醒，无论身体上的还是情感上的，即使是环境本身而非内容引发的唤醒，都能够促进分享。

既然知道具有唤醒作用的环境能够促进人们分享，这就有助于我们理解所谓的"过度分享"了。过度分享是指人们分享的内容超过了应该分享的界限。你坐飞机时碰没碰到过旁边的人不停地分享极度隐私的事情？你有没有在哪次与人聊天之后发现自己分享了过多的信息？为什么会发生这些事呢？

当然，我们可能会觉得和某人聊天更投机，或者我们喝了太多的鸡尾酒。但是还有另外一个隐藏的原因，那就是如果环境因素让我们产生了生理唤醒，那么我们可能会分享过多的信息。

所以，当你下次踩空跑步机而摔了一跤、刚刚躲过一次车祸，或者坐飞机遇到了强烈的气流，你一定要小心，因为这些经历会起到唤醒的作用，你很可能会在这些事件发生后分享过多的信息。

这些事实还告诉我们，想要促进口口相传，可以在人们被唤醒时

第三章 情绪
Chapter 3: Emotion

找到他们。比起讲述历史人物的纪录片,令人兴奋的综艺节目《一掷千金》(*Deal or Not Deal*)或令人心惊肉跳的犯罪类电视剧《犯罪调查现场》(*CSI*)更可能唤醒人们。当然,这些节目本身就会获得更多的口口相传,但是人们因观看节目所产生的心跳加速还会产生其他效果,比如人们更可能谈论节目中间插播的广告。健身房播出的广告更可能被人谈论,原因就是运动着的人们本身就很兴奋。工作团队可以通过让员工户外散步而受益,因为这会促进人们分享观点和建议。

网络也是如此,某些网站、新闻或YouTube视频的唤醒作用更强。有关政治裙带关系的文章,以及超级搞笑的视频都有可能激发人们的情感,从而提高这些网页上的广告或其他内容的传播力。

广告插播的时间也很重要。虽然一集电视剧可能整体上都具有唤醒作用,但是其中某个情节的唤醒能力可能更强。例如,在观看犯罪类电视剧时,人们的不安往往在剧情中间达到高峰,而在案件最后被破解时,人们的紧张会随之消失。在竞赛类节目中,当即将公布参赛选手赢得了多少比分时,人们的情绪会达到高潮,而出现在这些兴奋时刻的广告被人们分享的频率往往更高。

情绪能够催人行动,它们能让我们哭,能让我们笑,还能够激励我们谈论、分享和购物。所以,我们不要再简单地引用数据或提供事实,我们应该关注情绪。正如为谷歌设计《巴黎之爱》的安东尼·卡

145

疯传：让你的产品、思想、行为像病毒一样入侵（经典平装版）
Contagious: Why Things Catch On

法罗所言：

"无论谷歌这样的数字产品，还是运动鞋这样的实物产品，我们都应该赋予其打动人心的能力。人们不希望别人告诉自己该怎么做，人们希望从中得到乐趣，心弦受到触动。"

有些情绪的唤醒能力更强。正如我们前文提到的，激发情绪是传播力的关键，生理唤醒能够促进人们谈论和分享。我们应该让人们感到兴奋，或让他们开怀大笑；我们还可以让人们大发雷霆，而非伤心欲绝；让人们更活跃的情景也会促进人们的分享欲望。

流体力学和网络搜索引擎似乎是最不能打动人的两个话题，但是通过将这两个抽象话题与人们的生活联系起来，并激发潜在的情感，丹尼丝·格雷迪和安东尼·卡法罗吸引了人们的关注，并激发了人们的分享热情。

第四章 公开性

Chapter 4: Public

- ◆ 模仿心理学
- ◆ 可观察性的力量
- ◆ 蓄须潮
- ◆ Hotmail的传奇故事
- ◆ "坚强活着"励志腕带
- ◆ 适得其反的禁毒广告

疯传：让你的产品、思想、行为像病毒一样入侵（经典平装版）
Contagious: Why Things Catch On

肯·西格尔（Ken Segall）可谓史蒂夫·乔布斯的得力帮手，12年来，肯一直在乔布斯所合作的广告代理公司担任创意总监。20世纪80年代初，肯开始接手苹果公司的广告业务。后来乔布斯被苹果解雇，成立了NeXT电脑公司，肯也转为负责该公司的广告创意。1997年乔布斯重返苹果公司后，肯仍旧与苹果公司合作。他曾负责苹果公司的经典广告"Think Different"和"Crazy Ones"的设计，半球状的苹果iMac一体机的名字也出自肯的灵感，自此开启了苹果产品以字母"i"开头的热潮。

在后来的几年里，肯所带领的团队每隔两周就与乔布斯会面一次，这已经成为一种例会。肯的团队会分享他们所构思的所有广告灵感，包括可行的创意、新颖的版本和潜在的设计。乔布斯本人也会这样做，他会告诉该团队苹果公司的进展，比如哪些产品在售，是否有产品处于下滑趋势，是否需要新的广告加大宣传力度。

在一次例会上，乔布斯向肯的团队提出了一个难题。他正被如何打造最好的用户体验所困扰。乔布斯是一个永远将用户放在第一位的人。因为付钱的是用户，所以他们理应受到最好的对待。从打开包装盒到寻求技术支持，苹果公司正是将这一信条融入了产品设计的方方面面。首次打开iPhone包装盒的盒盖时，你注意到内盒与外盒的紧凑感了吗？苹果公司为了打造这种奢华的厚重感，曾在包装盒的设计上

第四章 公开性
Chapter 4: Public

煞费苦心。

乔布斯这次碰到的难题与PowerBook G4笔记本电脑的设计有关。这款电脑将是科技与设计的奇迹之作，它的外壳用钛金属做成，比钢坚固却比铝还轻，可谓革命性的设计。另外，这款电脑厚度不到1英寸，将是史上最薄的电脑。

不过，乔布斯关心的并不是电脑的坚固程度和重量，而是苹果标志的方向。

PowerBook系列笔记本电脑的盖子上面一直有一个精巧的苹果标志——一个被咬了一口的苹果。苹果公司的理念是以用户为中心，所以苹果公司希望该标志在使用者看来是正放的。这一点很重要，因为电脑打开和合上的频率很高。人们每次从包中拿出电脑，会先判断苹果标志的正确朝向，然后将这边正对自己后放置在桌子上。

乔布斯想在这一点上为用户提供更为流畅的体验，所以他用苹果标志为用户指引电脑的摆放方向。当电脑合上时，标志会正对用户，所以用户一眼便知如何放置电脑。

但是，当用户打开电脑后，问题就来了。想象一下，当一位用户端着玛奇雅朵咖啡在咖啡厅找到座位坐下后，准备拿出笔记本电脑工作。当他打开电脑后，盖子上苹果标志的方向会发生翻转，在周围的所有人看来，这个标志将是反着的。

疯传：让你的产品、思想、行为像病毒一样入侵（经典平装版）
Contagious: Why Things Catch On

乔布斯是一位笃信品牌影响力的人，当他看到这些倒置的苹果标志时，心中自然感觉不爽。他甚至认为这会有损苹果的品牌形象。

所以，乔布斯向肯的团队提出了一个问题：是让用户每次打开PowerBook电脑前看到的苹果标志都是正的，还是在用户使用电脑时让标志正对着周围的人，这两点哪一点更重要呢？

下次你看到苹果笔记本电脑时，就会发现肯和乔布斯改变了他们长久以来所秉持的理念，他们将标志翻了过来。原因何在呢？答案是可观察性。乔布斯发现，看到别人在做某事，人们更可能会模仿。

不过，要注意这里的关键词是"看到"。如果很难看到，那么也很难模仿。更容易被看到的事物，别人也更容易模仿。所以，使产品风靡的另一个催化剂是"公众的可视性"。能够被看到的产品拥有更大的增长潜力。

模仿心理学

假设你因为出差或旅游而到了一个新的陌生城市。你入住酒店后洗了热水澡，这时你饥肠辘辘，决定该吃饭了。

你想找个好地方吃顿饭，但对这个城市不太了解。酒店前台十分

第四章 公开性
Chapter 4: Public

繁忙，而你又不想花时间在网上阅读餐馆评论，于是你决定就在附近找家餐馆吃饭。

但是，当你走上熙熙攘攘的街头时，你发现有很多餐馆可供选择：架着紫色遮篷的泰国餐厅，时髦的西班牙风味小吃，意大利小酒馆……该如何选择呢？

如果你和大多数人一样，你就很可能照搬那条久经考验的经验法则：找一家上座率很高的餐馆。如果有很多人选择这家餐厅，那它一定很不错。如果餐厅空空无人，你就应当继续往前走。

类似的例子不胜枚举。人们一般都会模仿周围的人，比如模仿朋友的穿衣风格，选择其他人常点的菜品。如果认为其他人会重复使用酒店的毛巾，人们就会争相效仿；如果伴侣参加投票，人们就也可能会投票；如果朋友戒烟，人们就也可能会戒烟；如果朋友们发福了，人们就也可能会一起变胖。无论像买什么牌子的咖啡这样的小事，还是像缴税这样的大事，人们往往会遵循大多数人的做法。电视节目使用罐装笑声的一个原因就是，人们听到笑声后自己也更可能会笑。

人们喜欢模仿，其中一个原因是他人的选择为自己提供了可参考的信息。我们日常生活中的很多决定都像在陌生城市选餐馆一样。哪个是吃沙拉的叉子？度假时带哪本书比较好？我们对这些问题没有确定的答案，即使多多少少有点概念，也不完全确定。

151

所以，为了解决这些不确定的问题，我们往往会看其他人是怎么做的，然后进行效仿。我们会认为，如果别人也这么做，那一定是个不错的选择，并且别人一定知道一些我们不知道的事情。如果同桌就餐的人用小叉子吃芝麻菜，那我们也会选用小叉子。如果大多数人都愿意读约翰·格里森姆最新的恐怖小说，那我们也可能会买这本书，并在度假时阅读。

心理学家将这种现象称为"社会认同"。咖啡师和酒保换班时会往装小费的罐子中投一把一元钱，有时还会放一张五元的，就是这个道理。如果这个罐子是空的，顾客可能会认为别人都不付小费，那么自己也不会那么大方地去付小费。但是如果罐子中装满了钱，人们则会认为别人肯定都付小费，那么自己也会大方些。

社会认同甚至在生死攸关的事情上也扮演着一定的角色。

要知道，人的身体依靠肾脏过滤血液中的毒素和废物，如果肾脏出现问题，那么全身器官都会受到影响，比如钠含量升高、骨质疏松、贫血或患心脏病的概率升高。如果不及时治疗，生命就会受到威胁。

每年，美国都有4万多晚期肾衰竭患者，他们的患病原因不同，但都面临着两种选择：一是每周看一次医生，并进行长达五小时的透析治疗；二是进行肾移植。

第四章 公开性
Chapter 4: Public

但是并没有足够的肾可供移植,目前申请肾移植的人超过10万人,每个月还会增加4000名患者。毫无疑问,这些等待移植的人都希望早日找到合适的肾源。

假设你也是一位正在等待肾移植的患者,与所有申请者一样遵循先到先得的原则。有肾源后,申请列表最前列的人会先得到,因为他们等待的时间是最长的。而你才等了几个月,所以可能处于列表的末尾,但总有一天你会等到一个匹配的肾。那时你会接受的,对吗?

显然,等肾救命的患者找到肾源后应该欣然接受。但是,令人惊奇的是,97.1%的肾源都被患者拒绝了。

拒绝的原因大多是肾脏不匹配。就这一点来说,器官移植有点像修理汽车。你不能把本田的化油器装到宝马汽车上,肾脏也是一样,如果组织或血型不匹配,器官就无法正常工作。

不过,麻省理工学院张娟娟教授做了一项调查,研究了数百例肾移植案例。她发现,社会认同也可能让人们拒绝找到的肾源。假设你是第100个等待肾移植的患者,当肾源找到后,会首先授予列表中第一个等待的人,如果不匹配就给第二个人,以此类推。当轮到你时,该肾源已经被拒绝了99次。这时,社会认同效应就会浮现。如果这么多人都拒绝了这个肾,人们就会认为它肯定不好,并很可能因此拒绝。事实上,每十个拒绝肾移植的人中就有一个因此错过了治疗。即

疯传：让你的产品、思想、行为像病毒一样入侵（经典平装版）
Contagious: Why Things Catch On

使人们不可能与其他等待移植的人直接交流，但他们会根据别人的行为做出决定。

类似的事情无时无刻不在发生。

纽约市有一个名为"清真鸡肉和烤肉"（Halal Chicken and Gyro）的餐车，供应美味的鸡肉、羊肉、米饭和皮塔饼。《纽约时报》将其评为该市最好的20辆餐车之一。人们会排一个小时的队，只为了在这辆餐车上买到一份味美价廉的饭菜。在一天当中的某个时段，买饭的队伍甚至会排到街尾。

人们愿意等这么长时间，肯定是因为这里的食物很好吃。这一点你猜对了，这儿的食物的确很美味。

不过，这家店主在街对面设了一辆几乎一模一样的餐车，供应同样的食物，使用同样的包装，所有运作模式几乎完全一样，只是将名字改为"清真兄弟"（Halal Guys）。但实际上，"清真兄弟"却没有像"清真鸡肉和烤肉"那样吸引虔诚的粉丝，为什么呢？

答案就在于社会认同。人们认为排队的人越多，食物就一定越好吃。

从众心理甚至会影响人们选择的职业类型。每年我都会让MBA二年级的学生做一个小测试。其中一半的学生需要回答他们刚开始读MBA时对未来的职业有何憧憬，另一半学生需要回答他们当下想做什

第四章 公开性
Chapter 4: Public

么。这两组学生都不会看到彼此的答案，且所有的回答都是匿名的。

结果很惊人。在开始学MBA之前，学生们的抱负可谓五花八门，有人想对医疗系统进行改革，有人想建一个新的旅游网站，有人想进军娱乐圈，有人想竞选政府官员，有人想成为企业家，还有人想从事银行或咨询类工作。总而言之，他们的兴趣、目标和职业道路各不相同。

而读了一年MBA后，学生们的志向则较为统一和集中了。回答这一问题的学生中有2/3的人将来想从事投资银行或咨询行业的工作，只有极少部分人想从事其他领域的工作。

这种聚合现象十分显著。当然，学生们在读MBA期间会了解到不同的工作机会，但是从众心理会受到社会影响的驱使。学生们不确定自己将来要选择什么职业，所以他们会看别人怎么选，于是就会出现"滚雪球现象"。虽然MBA课程开始时，对投资银行或咨询行业感兴趣的学生不到20%，但这一比重比其他任何领域的工作都高。有些人看到有20%的人选择了投资银行或咨询行业，于是自己也改变了原来的想法。又有一些人看到这些人改变初衷后，也随之改变了自己的想法。很快，选择这个行业的人数达到了总人数的30%，这更增加了剩下的人随波逐流的可能性。于是，20%很快涨到30%，甚至更多。因为社会影响，起初一个很小的优势会被逐渐放大。社交互动让本来

155

倾向于不同职业的学生们转为同一职业方向。

社会影响对人们的行为具有巨大影响，但是要想了解如何利用社会影响提高产品和创意的传播力，我们需要知道社会影响的效果何时会达到顶峰。现在，让我们先看一看科雷恩·约翰内森（Koreen Johannessen）的故事。

可观察性的力量

科雷恩·约翰内森曾是亚利桑那大学的一名临床社工。最开始，她是学校心理健康小组的一员，主要帮助学生解决抑郁和吸毒等问题。当临床社工几年后，约翰内森意识到她的工作方法有点本末倒置。她虽然可以尽力解决正困扰学生的问题，但是如果能够在问题出现之前将其遏制，那么效果应该更好。于是，约翰内森回到心理健康小组，开始致力于健康教育的工作，并最后成为健康促进和预防中心的主任。

美国的大多数大学面临的一个最大问题就是酗酒，亚利桑那大学也是一样。美国不到法定饮酒年龄的大学生中，超过3/4的人都饮过酒。不过，更大的问题是他们饮酒过量。44%的大学生酗酒严重，且每年都有1800多名大学生因饮酒死亡，还有60万名大学生因饮酒受

第四章　公开性
Chapter 4: Public

伤，可谓问题严重。

约翰内森直面这一问题，她在校园里发放传单，上面列出了酗酒的负面影响；她在校报上刊登广告，阐明酗酒对认知能力和学习成绩的影响；她甚至在学生中心放置了一个棺材模型，上面写着酗酒导致的死亡数据。但是，这些做法似乎都无济于事，只是告诉学生饮酒的危害似乎并不足以改变他们的行为。

于是，约翰内森试着问学生们对饮酒有什么看法。

令她惊奇的是，大多数学生表示，他们并不喜欢饮酒。当然，像大多数成年人一样，他们偶尔也很享受小酌之趣，但是他们并不喜欢其他同学的酗酒之风。说到要照顾醉酒的室友，他们的语气中透着反感。所以，虽然他们的同学似乎很喜欢饮酒，但是这些人好像并不喜欢喝酒。

约翰内森很高兴。大多数学生反对酗酒这一事实似乎有助于解决饮酒问题，但是细细一想，问题又来了。

如果大多数学生不喜欢饮酒，那么为什么又饮酒不断呢？如果不喜欢饮酒，那么为何又喝那么多呢？

原因在于，行为是公开的，而想法是私密的。

换位思考一下，如果你是一名大学生，环顾四周，你就会看到很多饮酒的场面：观看足球比赛的酒会、兄弟会的酒会、女生联谊会的

疯传：让你的产品、思想、行为像病毒一样入侵（经典平装版）
Contagious: Why Things Catch On

酒会……你会看到同学们边喝酒边享受着一切，如果不喝酒，你就会觉得自己是个不合群的人，而其他任何人都比你更喜欢饮酒，所以你也应该来一杯。

但是，学生们没有意识到，其实其他人也都有类似的想法和类似的经历。他们看到别人在喝酒，所以自己也会一起喝，因为他们不知道别人的心思。如果他们能看透别人，就会发现其实每个人想的都一样。并且，他们也感受不到社会认同正逼迫他们大量饮酒。

让我们举一个更熟悉的例子。假设你听了一场关于股权多元化或供应链重组的讲座，你听得云里雾里。讲座结束后，主讲人问大家是否有问题要问。

听众的反应如何呢？

一片寂静。

此刻并不能说明所有人都听明白了，因为其他人可能和你一样困惑。虽然人们想举手提问，但是担心自己会成为唯一一个听不懂的人，所以放弃了提问的机会。这是为什么呢？因为所有人都没有提问，没有人知道其他人内心的困惑，所以人们也将自己的疑惑深埋于心。原因还是在于，行为是公开的，而想法是私密的。

"有样学样"这句俗语表达的不仅是人们的模仿倾向，还说明人们只有看到其他人的行为才会进行模仿。例如，大学生本人可能反对

第四章 公开性
Chapter 4: Public

酗酒，但因为看到别人都在喝酒，所以自己也会加入其中。某家餐馆可能极受欢迎，但是如果从外面很难看到里面（比如前窗用的是磨砂玻璃），路人就无法知道里面座无虚席的信息，也就不会被吸引。

可观察性对产品和创意的风靡影响巨大。假设一家服装公司推出了一款新衬衫。如果你看到其他人穿了这种衬衫并且很好看，那么自己也会购买一件相同或类似的衬衫。但是如果换作袜子，就很难模仿了。

为什么呢？

因为衬衫穿在外面，人人都可以看到，而袜子穿在里面，别人很难看到。

牙膏和汽车的对比也是这个道理。你可能不知道邻居用的哪种牙膏，因为牙膏放在邻居家洗手间里，但你知道邻居开的什么车，因为你很容易观察到。所以，邻居的购车行为更可能对你产生影响。

我和同事布莱克·麦克沙恩（Black McShane）、埃里克·布拉德洛（Eric Bradlow）分析了150万辆车的销售数据，以验证我们的观点。

那么，邻居买辆新车是否足以影响你也买辆新车？回答是肯定的，并且我们发现影响很大。比如，住在丹佛的人看到别人买了新车后很可能自己也买一辆，这种影响的力度很大，几乎8辆车中就有1辆

159

疯传：让你的产品、思想、行为像病毒一样入侵（经典平装版）
Contagious: Why Things Catch On

是因为社会影响被购买的。

可观察性在以下这些方面影响更大。看到别人开车的概率因城市不同而不同。洛杉矶人喜欢开车出行，而纽约人倾向于乘地铁出行，所以洛杉矶人比纽约人更可能看到别人开车。像迈阿密这种阳光城市，比西雅图等多雨的城市更可能看到别人开车。这些因素会影响可观察性，从而决定社会影响对买车的影响大小。所以，像洛杉矶和迈阿密这些城市，购买汽车的行为会对他人产生更大的影响。

能看到的事物更有可能被人谈论。你有没有这样的经历：当你进入别人的办公室或家里，看到桌子上奇怪的镇纸或客厅墙壁上的彩色艺术品，不禁会向主人询问这些东西的信息。如果这些东西被锁在保险柜中或放在地下室里，那么你还会看得到并有机会询问吗？当然不会。所以，可观察性对口碑传播有推波助澜的作用。越容易被看到的事物，就会有越多人谈论。

可观察性还会刺激人们的购买欲望，激励人们采取行动。正如我们在诱因一章谈到的，环境中的线索不仅会促进口口相传，还会提醒人们想起早就想买的东西或想做的事情。但是，如果看不到能够唤起记忆的诱因，人们就很可能会将要买的东西或想做的事情抛之脑后。产品或创意更容易让人看到，就会诱导更多的人行动起来。

那么，如何让产品或创意更容易被人看到呢？

第四章 公开性
Chapter 4: Public

蓄 须 潮

每年夏天，我都会在沃顿商学院教60名左右的MBA学生，到10月份时，我差不多了解了班上所有学生的特点。我知道每天谁会迟到5分钟，谁会第一个举手回答问题，谁会打扮得花枝招展。

几年前，11月初的一天，我走进教室时发现一名西装革履的学生蓄着长长的胡须，这不禁使我大吃一惊。他并不是忘了刮胡子，而是特意刮了一个八字须，两端自然向上翘起。他既像名人堂球星罗利·芬格斯（Rollie Fingers），又像古老的黑白电影中的坏蛋。

起初，我想他肯定是在尝试什么胡须造型，但我环顾四周时又发现了两名留胡须的学生，一股新的风潮似乎正在刮起。是什么促使了这场突如其来的留胡须风潮呢？

每年，全球死于癌症的人超过420万，同时还有600万新增病例。因为人们慷慨的捐助，癌症研究和治疗已经取得了极大的进展。但是致力于抗癌的机构如何通过社会影响来吸引人们更多的捐助呢？

正如很多事业一样，你是否支持某种癌症捐款一般来说属于私事。如果你和大多数人一样，那么你可能并不知道邻居、同事或朋友

疯传：让你的产品、思想、行为像病毒一样入侵（经典平装版）
Contagious: Why Things Catch On

为哪种癌症捐了款。所以，他们的行为也无法影响你的行为，反之亦然。

留胡须流行起来的原因便在于此。

这要回溯到2003年一个周日的下午，澳大利亚墨尔本有一群朋友正坐在一起喝啤酒，他们天南地北地聊着，最后谈到了20世纪七八十年代的时尚。一个人问："现在怎么没人留胡子了？"几杯啤酒下肚后，他们提出了一项挑战：看谁能留出最漂亮的胡须。这件事又传到了其他朋友那里，最后共有30人参与进来，所有人在当年11月的一整月里都不能刮胡子。

所有人都觉得这次经历很有意思，于是第二年的11月他们再次留起了胡子。不过，这次他们决定给这件事赋予一个说法。受预防乳腺癌宣传活动的启发，他们决定为男士健康做些有意义的事。于是，他们建立了Movember基金会，口号是"改变男士健康的现状"，同年，450人为该基金会募集了5.4万美元的捐款。

自此，Movember基金会不断发展壮大。次年，活动参与者超过9000人，第三年增至5万人。很快，这一活动便风靡全球。2007年，从爱尔兰到丹麦，再到南非和中国台湾，世界各地都举行了这一活动。目前，该基金会已在全球募集了1.74亿美元的捐款。一撮胡子就带来了这么多捐款，效果真是不错。

第四章 公开性
Chapter 4: Public

如今，每到11月份，致力于提高男性健康意识并为此募捐的男人们便开始留胡须了。活动规则很简单，从11月的第一天开始，直到最后一天，男人们要将胡子蓄起来。哦，别忘了，还要表现得像绅士一样。

Movember基金会的成功就在于，他们知道如何变不可见为可见。具体来说就是，他们知道如何为一个抽象的事业、一个通常无法被观察到的事情争取支持，并让所有人都能看见。11月的30天中，留胡须的男士成为这个活动会移动、会说话的活广告牌。正如基金会网站上所言：

"通过他们的言行，活动参与者促使人们公开或私下谈论常被忽略的男性健康问题，从而提高了男性的健康意识。"

这个活动确实带来了口碑效应。看到认识的人突然留起胡须，人们不禁要讨论一番。人们通常会彼此八卦一通，最后往往会有人鼓起勇气问蓄须男留胡须的原因。而当事人的解释就是在分享社交货币，同时会吸引更多的效仿者。每年11月，我都会看到越来越多的学生留起胡子。因此，让事情公开化有助于让其更快风靡起来。

人们使用某样产品、喜欢某种创意、做出某个行动，大多数都是

疯传：让你的产品、思想、行为像病毒一样入侵（经典平装版）
Contagious: Why Things Catch On

私下进行的。你的同事喜欢浏览哪个网站？你的邻居会投谁的票？他们如果不告诉你，你就几乎无从可知。虽然这些事情对你个人而言无足轻重，但是对组织、企业和公司的成功却事关重大。如果人们看不到别人的选择和做法，他们就无法模仿。就像酗酒的大学生一样，因为自己感觉似乎没有人持有和他们一样的观点，所以他们往往向更坏的方向发展。[1]

要解决这个问题就需要将隐私问题公开化，为私下的选择、行为和意见创造公开的信号。让我们再重温一下上面说过的那个例子，看看如何让更多的人看到曾经无法观察到的想法或行为。

科雷恩·约翰内森正是通过这种方法减少了亚利桑那大学酗酒的学生数量。她在校报上刊登了广告，上面只是阐明了事实：大多数学生只喝一两次酒，舞会上69%的学生喝酒不超过四杯。她没有强调喝酒的健康危害，只是给出了这些信息。她指出，大多数人都没有酗

---

[1] 对于人们不愿公开的事情来说，保守秘密尤为重要。以网络交友为例，很多人都尝试过，但目前还是会被视为难以启齿的事，其中的部分原因是人们不知道自己认识的很多人其实都尝试过。网络交友是一件比较私人化的行为，要想使其流行起来，网络交友公司需要让人们知道其他很多人也都在这么做。其他领域也是如此。万艾可（Viagra，俗称"伟哥"）的制造商创造了"ED"（即Erectile Dysfunction，性功能勃起障碍）一词，这样人们在谈论这一隐私问题时就不会再那么不好意思。很多大学设立了"同性恋日"，当天穿牛仔裤就是同性恋的标志，目的是为了引起人们对同性恋人群的关注。

164

第四章 公开性
Chapter 4: Public

酒，并以此让学生们意识到别人也都不想多喝酒。正因为大多数学生此前都认为别人喜欢喝酒，而约翰内森的做法更正了他们的错误思想，从而减少了学生们的饮酒量。正是通过将隐私问题公开化，约翰内森成功地将酗酒人数降低了近30%。

Hotmail的传奇故事

有一种方法可以用来吸引更多的人，那就是设计出本身就是广告的产品或创意。

1996年7月4日，沙比尔·巴提亚（Sabeer Bhatia）和杰克·史密斯（Jack Smith）推出了一种新的电子邮件服务，名为Hotmail。当时，大多数人都通过美国在线等因特网服务提供商登录电子邮箱。用户需要每个月支付一定的费用，并且用家里的固定电话拨号上网，才可以通过美国在线的界面获取邮件。这种使用方式十分受限，只有在安装了拨号上网服务的地方才能登录电子邮箱，用户相当于与一台计算机拴在了一起。

但是Hotmail则不同，它是最早基于万维网的电子邮件服务之一，用户可以用世界上任何一台计算机登录电子邮箱，只需要连接互

165

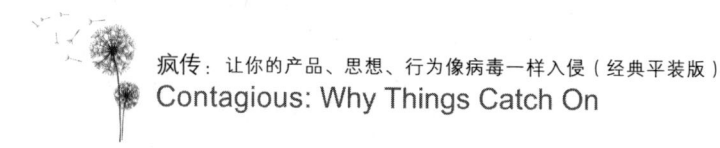

联网并打开一个浏览器即可。Hotmail选定美国独立日为产品发布日，象征着用户不再受限于当前的服务提供商。

Hotmail可谓一种伟大的产品，它在我们目前谈到的促进口口相传的要素上均有良好表现。Hotmail推出时，能够随时随地登录电子邮箱这一特色深得人心，所以最早使用该电子邮箱的用户很喜欢将自己的体验与人分享，因为这会给他们带来社交货币。另外，比起其他电子邮箱，Hotmail还会为用户提供巨大的优惠（新用户可以免费使用），所以实用价值也会驱使人们多加分享。

不过，Hotmail的开创者并不只是发明了一个好产品，还很明智地利用可观察性助力产品的推广。

Hotmail用户发出的每封电子邮件都在为这个不断成长的品牌做宣传。在每封电子邮件末尾都有一句话和一个链接："请登录www.hotmail.com免费使用Hotmail发送私人电子邮件。"每当Hotmail用户发送一封电子邮件，就相当于一种社会证明，以此向潜在用户推荐他们之前未曾听过或使用过的邮箱服务。

这种策略收效不错，在一年多时间里，Hotmail用户就超过了850万人。不久，微软公司斥资4亿美元收购了这一成长迅速的电子邮箱服务业务，自此又增加了3.5亿新用户。

苹果公司和黑莓公司也采用了这一策略。用苹果和黑莓手机发

第四章　公开性
Chapter 4: Public

送的电子邮件末端的签名处往往写着"发自黑莓"或"发自我的iPhone"。用户可以随意更改这一默认设置（我有一个同事就将他的签名改成了"发自信鸽"），但大多数用户一般都不做修改，因为这样的签名会为他们铸造社交货币。这样一来，品牌的知晓度提升了，还能够影响他人使用该品牌的产品。

上面这些案例中的产品本身就是一个广告。人们每次使用这个产品或服务时，都会产生社会认同效应，因为可以让他人看到自己的使用。

很多公司还会通过醒目的商标达到这个目的。A&F、耐克和博百利等都用品牌名称或独特的标识和图案来装饰它们的产品，因为商标就是品牌的象征。

俗话说："大即是好"，有些公司会因此特意扩大商标的尺寸。拉尔夫·劳伦（Ralph Lauren）的商标一直是一位马球运动员，但是它的大马标衬衫却将经典标志扩大了16倍。鳄鱼品牌也不示弱，有一款鳄鱼衬衫上的鳄鱼标志奇大无比，穿上后仿佛胳膊会被这只大鳄鱼咬掉。

不过，放大商标并非宣传产品的唯一方法。以苹果将iPod耳机做成白色为例，当苹果首次推出iPod时，数字音乐播放器产品领域竞争十分激烈，帝盟多媒体（Diamond Multimedia）、创新科技（Creative）、康柏（Compaq）、爱可视（Achos）也都陆续推出了自

己的播放器产品。哪一个品牌会站稳脚跟？人们抛弃已有的便携式CD机或随身听，转而购买这种昂贵的新式播放器，到底值不值？这些问题都没有明确答案。

但是，因为大多数播放器都配有黑色耳机，所以苹果的白色耳机会脱颖而出。白色耳机起到了自我宣传的效果，人们可以很容易看到很多人已经不再使用传统的随身听，而是换上了iPod。这可以产生明显的社会认同效应，人们会认为iPod这个产品很好，潜在用户会觉得购买iPod是个不错的选择。

形状、声音及很多其他鲜明特色也有助于产品的自我宣传。品客薯片率先使用了圆筒状的包装；使用微软操作系统的计算机有独特的开机音乐。1992年，法国高跟鞋设计师克里斯提·鲁布托（Christian Louboutin）觉得自己设计的鞋子缺少活力。有一天，鲁布托发现有位员工涂了香奈儿的大红色指甲油，非常引人注目。他立刻意识到这就是他想要的，并将之运用于鞋底颜色的设计。如今，红色鞋底已经成为克里斯提·鲁布托的品牌标志，人们可以立刻识别出这个品牌。这种红色鞋底十分醒目，即使对该品牌知之甚少的人都很容易看到。

类似的理念适用于很多产品和服务。裁缝会把名字印在装西服的袋子上；夜店会用烟花棒表示有人付费享受开瓶服务。门票一般会被人们放在兜里，但是如果剧院或球队用纽扣或贴纸代替门票，这些

第四章 公开性
Chapter 4: Public

"门票"就更容易被人看到。

对于没有太多资源的小公司来说，设计出具有自我宣传能力的产品是一个尤为有力的战略。即使没有资金投放电视广告或报刊广告，如果产品本身具有自我宣传的能力，那么当前的产品使用者就相当于活广告了。

人们使用某样产品、运用某个创意，或者采取某种行动，本身就是在为这些产品、创意和行为做广告。当人们穿着某品牌服装、参加某个集会，或使用某个网站时，人们的朋友、同事和邻居很可能会看到并进行模仿。

如果人们经常使用某公司的产品或服务，那么这家公司的确很幸运。但是，其他时间呢？当人们穿其他品牌的衣服，支持其他活动，或者做与之前完全不同的事情时，该怎么办呢？有没有什么方法可以在人们不使用某产品或服务时仍使其产生长久的社会认同效应呢？

当然有，那就是行为痕迹。

"坚强活着"励志腕带

曾几何时，斯科特·麦凯克恩（Scott MacEachern）需要做一个

疯传：让你的产品、思想、行为像病毒一样入侵（经典平装版）
Contagious: Why Things Catch On

艰难的决定。2003年，环法自行车赛冠军兰斯·阿姆斯特朗（Lance Armstrong）名声大噪。耐克一直是阿姆斯特朗的赞助商，耐克的相关负责人麦凯克恩试图找到运用阿姆斯特朗的知名度来推广耐克产品的最佳方式。

阿姆斯特朗的故事十分感人。七年前，阿姆斯特朗患上危及生命的睾丸癌，仅有40%的生存希望。但是，阿姆斯特朗不仅战胜癌症，回到自行车比赛，并且比以前更加强大。重返赛场后，阿姆斯特朗连续五次夺得环法自行车赛的冠军，让无数人深受激励。从15岁抗癌少年到成为冠军，阿姆斯特朗给予人们以希望，帮助人们克服生活中的困难。

麦凯克恩希望充分利用这股热情。阿姆斯特朗已经超越了他所取得的体育成绩，他不仅是一个英雄，还是一个文化偶像。麦凯克恩想要彰显阿姆斯特朗的成就，并且希望他能够连续六次取得环法自行车赛的冠军。他还想利用人们如潮水般的关注与支持，以此为兰斯·阿姆斯特朗基金募捐，同时提高该基金的知名度。

麦凯克恩当时有两个想法。

一个想法是环美自行车之旅活动。人们可以为自己设定一个目标里程数，并且让朋友或家人进行赞助。这项活动会让更多的人运动起来，激发人们骑自行车的兴趣，同时为兰斯·阿姆斯特朗基金捐款。

第四章 公开性
Chapter 4: Public

阿姆斯特朗本人也可以参与其中。这项活动会持续数周，活动覆盖的所有城市的各大媒体都会对其进行报道。

另一个想法是设计一个腕带。耐克当时已经开始销售篮球腕带，这种腕带由硅橡胶制成，里面印有励志文字，比如"团队"或"尊重"。篮球运动员会戴这种腕带来提醒自己聚精会神、精神振作。那为什么不设计一款以阿姆斯特朗为主的腕带呢？耐克可以制作500万条这样的腕带，一条卖1美元，并将销售所得全部捐给兰斯·阿姆斯特朗基金。

麦凯克恩更喜欢第二种想法，但是当他向基金会的顾问阐述时，他们并不赞同。他们认为腕带不会有什么用处。阿姆斯特朗的经纪人比尔·斯特普尔顿（Bill Stapleton）也认为，这个想法绝不可能成功，并称之为"愚蠢的想法"。甚至阿姆斯特朗本人也持怀疑态度，他说："如果剩下490万条腕带卖不出去，那么我们该怎么办呢？"

麦凯克恩被难住了。虽然他很喜欢腕带这个创意，但并不确定能否成功。随后，麦凯克恩做了一个看似无伤大雅的决定——将腕带做成黄色，这对腕带最后的成功产生了巨大作用。

之所以选中黄色，是因为环法自行车赛的领骑衫就是这个颜色。另外，黄色与性别没有密切关系，男女都适合。

从可观察性的角度来说，这个决定也很明智，因为此前市面上几

乎没有黄色腕带。

这种颜色十分醒目，不管人们穿什么，黄色都能够从中突显出来，所以从远处就可以看到这条意味着"坚强活着"的励志腕带。

正是这种可视性使该产品获得了巨大成功。耐克在短短6个月内就卖掉了最初的500万条腕带，可以说是供不应求。这款腕带十分走俏，人们在eBay上竞价购买，价格甚至达到零售价的十倍。最终，耐克售出了8500万条腕带。即便现在，你也会看到有人戴着这种腕带。对于这样一个简单的产品而言，成绩已经很不错了。

如果耐克当时选择麦凯克恩的第一个方案，即环美自行车之旅活动，结果如何我们就无从得知。我们很可能会放马后炮，说这将是一个很成功的战略，甚至要超过第二个方案。但无论如何，有一点是很清楚的：就行为痕迹而言，腕带肯定比环美自行车之旅更胜一筹。正如麦凯克恩曾敏锐地指出：

"腕带的一个好处就是在时间上具有持续性，而环美自行车之旅则不具备。虽然举办环美自行车之旅活动会有大量精彩的活动照片，人们也会相互谈论，但是除非这项活动每年举办一次，否则不会在日常生活中产生持续的效果，或者即使每年都举办一次，也未必会有预期的持续效果。然而，腕带却能够做到。"

第四章 公开性
Chapter 4: Public

行为痕迹是指大多数行为发生后所留下的实际痕迹。喜欢悬疑小说的人的书架上会摆满各种悬疑小说的书籍；政治人士会将自己与著名政治家的握手照片裱起来；长跑运动员会保留自己参加5000米长跑比赛赢得的奖杯、T恤或奖牌。

正如社交货币一章所述，"坚强活着"励志腕带等产品能够展现佩戴人的人生观和爱好。但是，即使本来很难观察到的行为，比如捐款或者更喜欢悬疑小说而非历史小说，也可以产生类似的效果。

如果让更多的人看到这些行为，这些行为所产生的痕迹就将有助于他人模仿和口口相传。

以选举为例，让人们参加投票其实并不容易，因为人们需要弄清楚投票站的地点并请半天假，还要排队——有时甚至要排几个小时，才能将选票投出。另外，投票属于个人隐私，所以问题就更复杂了。除非你亲眼看到参与投票的所有人，否则你无从得知有多少人认为值得花时间和精力去投票。所以，投票这件事能够产生的社会认同效应并不强。

但在20世纪80年代，负责选举投票的官员想到了一个方法，让投票这个行为被更多的人看到，这个绝妙的办法就是让人们展示"我投票了"的标签。方法很简单，却产生了行为痕迹，有更多的人看到了这一本是隐私的行为。标签提醒人们今天是投票日，别人都在投票，

173

疯传：让你的产品、思想、行为像病毒一样入侵（经典平装版）
Contagious: Why Things Catch On

看到的人也应该投出一票。

任何产品和创意都能产生行为痕迹。蒂芙尼（Tiffany）、维多利亚的秘密（Victoria's Secret）等很多品牌都会把可再次使用的购物袋提供给顾客。因为这些品牌能够产生社交货币，所以很多顾客都会重复使用这些购物袋，而非弃之一旁。人们会用维多利亚的秘密的购物袋装健身服，用蒂芙尼的袋子装午餐，用布鲁明戴尔（Bloomingdale）经典的棕色大购物袋装文件。人们甚至会重复使用餐馆、折扣店或其他不那么有名的店铺的袋子。

服装品牌露露柠檬（Lululemon）则更进一步，没有使用相对耐用的纸袋，而是提供结实的塑料购物袋，显然是想让顾客多次重复使用。在现实中，顾客们的确会多次使用该品牌的购物袋装各种物品，与此同时，这一行为痕迹也为该品牌营造了社会认同效应。

赠品也可以产生行为痕迹。参加会议、招聘会或大型集会时，你将发现主办方会设立一些摊位提供令人眼花缭乱的赠品——马克杯、钢笔、T恤、饮料、压力球、刮冰器，等等。几年前，沃顿商学院甚至送了我一条领带。

有些赠品会产生更好的行为痕迹。赠送化妆包这个主意看似不错，但女人们一般都在化妆间这种比较私密的地方化妆，所以赠送化妆包并不会提高该品牌的可视性。咖啡杯和运动包这样的产品虽然使用频率没有那么高，但使用时看到的人却相对较多。

人们在网上发表言论也会产生行为痕迹。评论、博客、帖子或其他各种内容都会留下供人发现的痕迹。很多企业和组织鼓励人们在脸书上为它们或它们的内容点赞。通过"点赞"（Like）按钮，人们不仅表达了对某个产品、创意或组织的喜爱，而且向他人宣传某物值得关注。美国广播公司新闻网发现，点赞按钮使脸书主页的流量增加了2.5倍。

有些网站会自动显示用户的当前活动。听音乐一直属于一种社会活动，但音乐服务商"声破天"（Spotify）却做了些创新。该网站允许用户聆听他们喜欢的任何歌曲，歌名会同步在用户的社交网络上，这样他们的朋友都可以知道他们喜欢听什么，同时也为声破天做了免费的宣传。很多其他网站也开始效仿此法。

但问题是，是否不管什么事情，我们都应该让更多的人看到呢？又有没有什么事情，增加其可观察性反而是件坏事呢？

适得其反的禁毒广告

一个黑发少女正高兴地走下公寓的楼梯，她戴着银项链，手里拿

疯传：让你的产品、思想、行为像病毒一样入侵（经典平装版）
Contagious: Why Things Catch On

着外套，可能要去工作或找朋友喝咖啡。突然，邻居家的门开了，有人问道："要大麻吗？""不！"她满脸怒色，匆忙走下楼梯。

一个面带稚气的孩子坐在外面，他穿着一件蓝色T恤，留着当时很流行的蘑菇头，正沉浸在电子游戏中，突然有人问道："要可卡因吗？"孩子回答："不，谢谢。"

一个年轻人倚墙站着，嘴里嚼着口香糖。有人问道："要甲喹酮吗？"年轻人回过头来，厉声说道："不要！"

"只需说不"一直是最著名的禁毒运动之一，始创于美国前第一夫人南希·里根。20世纪八九十年代，美国曾不断播出此类公益广告，以鼓励青少年远离毒品。

这其中的道理很简单。青少年们总有一天会被问到是否需要毒品，这可能来自朋友、陌生人或其他人的诱惑，而他们要学会如何说不。于是，美国政府斥资数百万美元打造禁毒公益广告，希望这些信息可以教会青少年如何应对这些问题，从而减少吸毒现象。

近年来的禁毒运动也依赖于同样的理念。1998至2004年，美国国会为全国青少年反毒宣导活动拨款近10亿美元，旨在教会12至18岁的青少年如何拒绝毒品。

传播学教授鲍勃·霍尔尼克（Bob Hornik）想要知道这类禁毒广告是否有效，于是在禁毒广告播放期间研究了数千名青少年的毒品使

第四章 公开性
Chapter 4: Public

用情况。他记录了这些青少年是否观看了禁毒广告和是否曾吸食毒品的情况，然后研究禁毒广告是否减少了这些青少年的毒品吸食量。

结果是，禁毒广告并没有起到预期的效果。

事实上，禁毒广告传递的信息反而增加了毒品的吸食量。为什么青少年们看过禁毒广告后更愿意去吸食毒品呢？

想一想可观察性和社会认同效应。在看这些广告之前，有些孩子可能从未想过要吸食毒品，有些孩子可能想过但并不想做错事。

但是，禁毒广告却说明了两件事：第一，毒品有害；第二，很多人在吸食毒品。正如我们本章所讨论的，做某件事的人越多，人们越会认为这件事是对的或正常的，自己也会去效仿。

假设你今年15岁，从未想过吸毒。一天下午，你正在家里看动画片，中间出现了一个公益广告，讲述了毒品的危害，并且告诉你，如果将来有人问你是否想尝尝毒品，你就应该说不。甚至更糟糕的是，广告中卖毒品的是一些超酷的少年，但你也应该说不。

从未有公益广告告诉你不要用锯子锯自己的手，或者不要被公共汽车撞到，所以如果政府花费时间和金钱在禁毒广告上，那么说明肯定有很多青少年都在吸毒，你是这样想的吧？

正如霍尔尼克所说：

177

疯传：让你的产品、思想、行为像病毒一样入侵（经典平装版）
Contagious: Why Things Catch On

"我们的基本假设是，看到这些广告的青少年越多，他们就越相信很多其他孩子都在吸食毒品。而且，他们越相信别人都在吸食毒品，就对吸毒越感兴趣。"

和很多方法一样，如果使用不当，那么提高可观察性也会产生意外的结果。如果你不想让人们做某事，那么就不要告诉他们别人都在做这件事。

以音乐领域为例，业界曾认为要想阻止非法下载，就应该告诉人们这个问题的严重性。所以，行业协会的网站发出严厉说明，"美国只有37%的音乐是通过购买获得的"，并且近几年来"非法下载的音乐价值高达近300亿美元"。

我对这条信息是否达到了预期效果深表怀疑。如果它确实产生了某种效果，那也只能是反面的。如果人们知道付费听音乐的人还不到一半，那么自己花钱去买岂不是太傻了吗？

即使大多数人都在做正确的事，谈论那些错事的少数人也会激励人们屈服于某些错误的诱惑。

所以，如果要阻止某种行为，就应该让更少的人看到它，即变公开为隐私，以降低这种行为的可观察性。

具体该怎么去做呢？一种方法就是强调人们应该怎么做。心理学

第四章 公开性
Chapter 4: Public

家鲍勃·恰尔迪尼（Bob Cialdini）及其同事希望减少人们从亚利桑那州石化森林国家公园偷取石化木的行为，于是在公园周围张贴了不同的标语。其中一个是"不要拿走石化木"，因为"以往有很多游客拿走了石化木，已经改变了石化森林的自然面貌"。这条信息说明其他人都在偷取石化木，所以产生了消极影响，导致偷取石化木的人数反而翻了一番。

相反，强调人们应该怎样做则更有效。这些心理学家还尝试摆放了另外一个标语，上面写着："为了保护石化森林的自然面貌，请不要拿走这里的石化木。"这条标语聚焦于不拿走石化木的积极影响，而非其他人的错误做法，使偷窃案件数量大大减少。

人们往往会彼此模仿。人们会从别人那里寻求信息来决定自己在某种情况下该怎么做。从购买产品到给谁投票，社会认同效应的影响十分广泛。

正如我们前文提到的，"有样学样"这句俗语表达的不仅是我们喜欢模仿他人的倾向，如果人们看不到别人的做法，就无法模仿。所以，要想让产品和创意流行起来，就需要让更多的人看到它们。苹果公司简单地将品牌标志翻转过来就做到了这一点；Movember基金会则通过让大家留胡子而吸引了大量关注，并为男性癌症研究筹集了巨额资金。

所以，我们要像Hotmail和苹果公司那样，设计具有自我宣传能力的产品；我们要像露露柠檬和"坚强活着"励志腕带那样，打造行为痕迹。如果是正确的且想宣传的，我们就需要变隐私为公开。如果某物的设计初衷就是要让人看到，那它本身就具有传播的空间。

第五章 实用价值

Chapter 5: Practical Value

- 省钱之道
- 购物心理学
- 不可思议的价值
- 不只是钱的问题
- 被埋没的事实

疯传：让你的产品、思想、行为像病毒一样入侵（经典平装版）
Contagious: Why Things Catch On

如果你要选个主人公制作一段可以风靡的视频，那肯·克雷格（Ken Craig）可能并非你的第一选择。大多数点击量高的视频，其制作者和观看者都是青少年。有在摩托车上炫技的视频，还有边跳舞边唱饶舌歌的动画人物，这些都是青年人喜欢的事物。

但肯·克雷格却已86岁，而他那段被疯传的视频是关于如何去除玉米须的。

肯出生在俄克拉荷马州的一个农场，兄妹共五人，全家靠种棉花为生。他们还开辟了一个园子，种自己家需要的食物，其中就包括玉米。肯吃玉米的历史可以追溯到20世纪20年代，从烤玉米、玉米浓汤到玉米煎饼、玉米沙拉，他都吃过，但最喜欢的还是直接啃玉米棒，这样吃既新鲜又美味。

不过，你要是啃过玉米棒，就会发现两个问题：一是玉米粒会粘到牙齿上，二是讨厌的玉米须好像与玉米形影不离。你可以用力将玉米棒的外皮剥掉，但是玉米须仿佛永远都不想离开玉米棒。你可以用手抓掉玉米须，或用镊子小心拔掉，但不管怎么做，总会发现遗留的须子。

肯有一个妙招正好可以解决这个问题。

像大多数80多岁的老人一样，肯并不喜欢网络，也没有博客、YouTube或其他社交网络的账号。

第五章　实用价值
Chapter 5: Practical Value

几年前的一天，儿媳到肯家里准备晚餐。她做完了主菜，快到吃饭时间时，她请肯帮忙去掉玉米须子。肯说："好的，让我露一手吧。"

他将玉米连皮放进微波炉中转了四分钟。然后，他用一把菜刀将头大的那端切掉1厘米多点，随后抓住另一端使劲摇晃，玉米从中滑出，非常干净，没有一丝须子。

他的儿媳十分惊讶，说要拍段视频发给在韩国教英语的女儿。于是第二天，她在厨房里为肯拍摄视频，同时由肯讲述如何去掉玉米的须子。为了便于女儿观看，她把视频上传到了YouTube上，同时发给了几个朋友。

这几个朋友又转发给了他们各自的朋友，并如此传递下去。很快，肯的《去除玉米须》的视频疯传起来，点击量超过500万次。

但是，与大多数以青年人为对象的人气视频不同，观看这个视频的人大多超过了55岁。如果有更多的老年人喜欢上网的话，那么肯的视频一定会有更多人关注。

那么，为什么人们会疯狂分享这段视频呢？

几年前，我和弟弟到北卡罗来纳州的深山远足。他刚刚结束医学院一年的刻苦学习生活，而我也需要放个假，于是我们相约在达勒姆国际机场见面，然后驱车向西行驶。经过美丽的教堂山、曾经种满烟草的温斯顿-塞勒姆，我们一路驶向蓝岭山脉。第二天早晨，我们起

183

疯传：让你的产品、思想、行为像病毒一样入侵（经典平装版）
Contagious: Why Things Catch On

得很早，装好一天的食物，走上通向雄阔高原的山路。

人们远足的一个主要原因就是逃离——逃离城市的喧嚣，沉浸在没有广告、没有车辆的大自然中。在这里，只有你和自然。

但是，那天早晨当我们在森林里徒步时，却碰到了一件很奇怪的事。我们拐过一个下坡，看到前面一队徒步旅行者。我们在他们后面走了几分钟，而我本是一个好奇之人，恰巧听到了他们的谈话。我以为他们可能在讨论天气或刚刚那条漫长的斜坡。

他们没有。

他们正在讨论真空吸尘器！

真空吸尘器？这些徒步旅行的人有成千上万的话题可以讨论，比如在哪里停下吃午餐、刚刚路过的落差近20米的瀑布，甚至政治话题。可他们竟然谈起了真空吸尘器，为什么呢？

很难用我们目前谈到的原则来解释肯·克雷格的玉米视频为什么会疯传，而要解释徒步旅行者为什么谈论吸尘器，则更难上加难。真空吸尘器并没有什么非凡之处，所以就不涉及社交货币。森林里也没什么能让人想起吸尘器的诱因。另外，虽然可以用巧妙的广告让吸尘器激起更多的情感，但这些徒步旅行者谈论的只是不同吸尘器的基本性能。到底他们为什么会谈论吸尘器呢？

答案很简单，人们喜欢传递有用的信息。

第五章　实用价值
Chapter 5: Practical Value

在谈论诱因或者像"别告诉别人"这种隐蔽的酒吧时，实用价值似乎并不是最突出的方面。不过，这并不是说实用价值不重要。我们向作家兼编辑小威廉·F.巴克利询问，如果去一个荒岛他会带哪本书，他的回答就很直接："关于造船的书。"

实用事物的重要性不言而喻。

另外，肯的玉米视频和谈论吸尘器的徒步旅行者说明，人们不仅认为实用的信息很重要，还会与人分享。所以，提供实用价值有助于事物的流行。

人们会通过分享实用信息来帮助他人。不管是帮朋友节省了时间，还是同事下次去超市时帮他省了几块钱，实用的信息总会有益于他人。

因此，分享实用信息和过去帮邻居建谷仓起着一样的作用。在过去，家里的谷仓一般很大，造价很高，单凭一家人的力量很难建造。在18和19世纪，人们会集体为某家建谷仓。人们会腾出时间，聚到一起为邻居出力。

如今，这种直接帮助他人的机会可谓越来越少，现代社会的城郊生活使我们与朋友和邻里的距离越来越远。我们住在私家车道很长的独栋别墅或高耸入云的公寓楼中，几乎不认识隔壁的邻居。很多人为了工作或上学而远离家人，减少了与亲人面对面的接触。如今，建谷

仓只要雇工人即可，不再需要邻里的帮助。

不过，分享实用信息仍是一个帮助他人的简捷、快速之法。即使相距甚远，父母也会给子女提供有用的建议。另外，分享实用信息还能够加强社会关系。如果我们知道朋友喜欢烹饪，那么发给她一个新的菜谱可以增进彼此的关系。朋友会发现我们很了解、很关心他们，我们也会因为帮助别人而感觉良好。因此，分享有助于加固友谊。

如果说社交货币关乎的是信息发出者，聚焦分享如何让人们脸上有光，那么与实用价值更为相关的则是信息接收者，聚焦如何帮助他人省时、省钱或拥有更好的体验。当然，分享实用信息也有益于分享者，因为帮助他人会令自己愉快，还会让分享者给他人留下良好的印象，从而带来一定的社交货币。不过，分享实用价值最重要的还是在于帮助他人，分享表明了我们对他人的关心。

你可以将分享实用价值看成一种建议。人们会谈论哪种退休计划最划算、哪位竞选人能消灭财政赤字、哪种药治感冒效果好，以及哪种蔬菜含胡萝卜素最多。想一想你曾经因做一个决定而犹豫不决，你一定会问一个或多个朋友的意见。他们要么说出了自己的想法，要么发给你一个网站链接，最终帮你解决了问题。

那么，什么样的实用信息才会广为流传呢？

第五章　实用价值
Chapter 5: Practical Value

省钱之道

提起实用价值，大多数人一般都会首先想到如何省钱，如何以低于原价的价钱买到某物，或者如何用同样的钱买到更多的物品。

例如，某些团购网站的经营模式就是为顾客提供打折产品，从足疗到飞行课程，无所不包。

人们是否会分享促销信息，重要在于买卖是否划算。如果人们看到十分划算的产品，就一定会与他认为需要的人分享。如果促销力度一般，人们就会将之埋在心底。

那么，促销产品究竟划不划算，是由什么决定的呢？

其实就是打折的力度。比如，节省100块钱肯定比节省10块钱更令人兴奋；50%的折扣肯定比10%的折扣令人激动。人们喜欢更多的折扣，而且愿意与人分享此类信息，这是很自然的事情。

但实际情况却很复杂。请看下面的场景，想一想你会如何选择。

场景A：假设你来到超市，打算买一个烧烤架。你发现韦伯Q320烧烤架看起来很不错，并且令人高兴的是现在正在打折，原价350美

元，现降为250美元。

你会买下这个烧烤架，还是驱车到另一家超市再看看？给你几秒钟仔细想一想。有答案了吗？好的，现在让我们再来看另一个场景。

场景B：假设你来到超市，打算买一个烧烤架。你发现韦伯Q320烧烤架看起来很不错，并且令人高兴的是现在正在打折，原价255美元，现降为240美元。

这种情况你会怎么做？是买下这个烧烤架，还是驱车到另一家超市再看看？等你想好答案，再往下读。

大多数人都会认为场景A很划算，一个烧烤架便宜100美元，并且还是自己喜欢的款式。你可能会买下它，而不会再去别家转转。

而场景B看起来可能就没那么吸引人了，毕竟才便宜了15美元，和场景A似乎没法比。你可能不会购买，而是到别家转转。

我分别针对这两个场景，询问了100个人，得出了类似的结果。在第一个场景，75%的人表示会买；在第二个场景，只有22%的人表示会买。

第五章 实用价值
Chapter 5: Practical Value

这看起来完全说得通，但是请想一想最后的价钱。两家商店卖的是同一款烧烤架，所以正常情况下，人们应该会选择价钱更低的商品进行购买（场景B），但事实恰好相反。在场景A中形成购买的人更多，即使他们要付更高的价钱（250美元，而非240美元），这是怎么回事呢？

购物心理学

在2002年12月一个寒冷的冬日，瑞典斯德哥尔摩大学的报告厅座无虚席，其中有瑞典的外交家、各界名人和世界各地最著名的学者。丹尼尔·卡尼曼（Daniel Kahneman）走上台，他要在这里做一场关于有限理性的讲座。有限理性讲述的是与直觉判断和选择有关的新视角观点。多年前，他已经做过无数场类似的讲座，但这次有些不同，卡尼曼是来斯德哥尔摩领诺贝尔经济学奖的。

诺贝尔奖是世界上最著名的奖项之一，颁发给在各个领域做出巨大贡献的研究者。阿尔伯特·爱因斯坦曾因在理论物理学取得的成就获得诺贝尔物理学奖，沃森和克里克因DNA结构的研究获得诺贝尔医学奖。诺贝尔经济学奖则一般颁发给对经济思想产生巨大影

疯传：让你的产品、思想、行为像病毒一样入侵（经典平装版）
Contagious: Why Things Catch On

响的人。

不过，卡尼曼并不是经济学家，而是心理学家。

卡尼曼因为前景理论而获得诺贝尔奖。前景理论包罗万象，但核心理论只有一条：人们做出的决策往往违反标准的经济假设，即与应该做出的决策相反。人们的判断和决策并不一定是理性的或最佳的，而是取决于人们感知信息和处理信息的心理学原理。正如知觉会影响人们看到事物的结果，比如某件外套是否是红色的，远处的物体是否是水平的，它还会影响我们对价格的判断。卡尼曼和特沃斯基的研究，以及理查德·泰勒（Richard Thaler）的研究都是该领域的先驱之作，现在我们称之为"行为经济学"。

前景理论的一个主要原理就是，人们不按绝对价值评价事物，而是根据一个对比标准，即"参照点"。50美分一杯的咖啡并不只是50美分，价格是否划算取决于人们的预期。如果你住在纽约，50美分一杯的咖啡就十分便宜，你会每天都买上一杯，还会推荐给朋友。

但是，如果你住在印度的农村，50美分一杯的咖啡可就十分昂贵了。你会觉得花50美分喝一杯咖啡简直是天方夜谭，你是绝对不会买的。你能和朋友分享的也只能是对哄抬物价的愤怒。

如果你和七八十岁的老人一起去看电影或购物，就会发现同样的情况。他们总是在抱怨价格——"什么？"他们惊呼道，"我才不会花

第五章 实用价值
Chapter 5: Practical Value

11美元看场电影，这简直是敲竹杠！"

看起来好像老年人比我们要吝啬，但他们认为价钱不合理其实有更深层次的原因，因为他们的参照点不同。他们还记得，当年看一场电影才40美分，一磅牛排95美分，牙膏29美分，纸巾只需10美分。因此，他们很难认为今天的价格合理。如今的价格比他们记忆中的高出太多，他们花钱时才会犹豫不决。

参照点有助于我们解释前面提到的烧烤架问题。人们用应支付的价格作为参照点，所以虽然是同一款烧烤架，原价350美元而现价250美元，比原价255美元而现价240美元看似更划算。设定一个更高的参照点使第一笔交易看上去更划算，但实际价格却更高。

商业广告经常使用这一招数：

"永远用不坏的神奇耐飞利（Miracle Blade）刀具！它能够轻而易举地切开菠萝、易拉罐，甚至硬币！原价200美元，现在只需39.99美元！"

零售商在给商品打折时仍会列出原价，就是这个道理。商家希望顾客将原价当作参照点，这样现价看起来会更划算。正如烧烤架那个案例所示，顾客过于关注商品是否划算，有时反而会多花冤枉钱。

191

另外，参照点也适用于商品数量，例如：

"别着急，还有更好的消息！如果你现在打电话立刻订购，那么我们还会免费赠送一套刀具。没错，一套完全一样的刀具。另外，我们还会送您一个好用的磨刀器，绝对免费！"

这则广告以数量为参照点，并不断扩大。最开始，39.99美元可以购买一套耐飞利刀具，现在不用加钱就能得到两套一样的刀具，还有一个磨刀器。除了价格比预期的要低，后面额外赠送的商品会让这笔买卖看上去更划算。

商品打折出售的效果如何呢？营销学专家埃里克·安德森（Eric Anderson）和邓肯·西梅斯特（Duncan Simester）希望找到这个问题的答案。几年前，他们与一家公司合作，向全美的家庭邮寄服装商品目录，其中包括里昂·比恩（L. L. Bean）、施皮格尔（Spiegel）、兰兹角（Land's End）等品牌。这些目录中的大多数服装都标着全价，有时会有几款特价商品。这些特价商品因价格有所下调，使商品的销量上涨。人们喜欢少花钱，所以降价会激发人们的购买欲望。

但是，安德森和西梅斯特还有一个问题，他们想知道顾客会不会认为打折极具吸引力，是不是只要将商品标为"降价"就会增加销量。

为了验证这种可能性,安德森和西梅斯特做了两个版本的商品目录,每种寄给5000多户人家。在一个版本中,有些商品(如连衣裙)标注着"换季甩卖",另一个版本则没有标注。

很显然,有降价标志的商品销量会有所上升,而这次足足涨了50%。

原因何在呢?

在这两种商品目录中,连衣裙的价格实际是一样的,所以价格旁边的"换季甩卖"就是销量增长的原因。

前景理论还有一个原理是"敏感性递减"。假设你正准备买一个新的收音机闹钟,你所去的商店标价为35美元,而店员告诉你有一家分店只卖25美元。那家分店离这里有20分钟车程,店员保证你会在那儿买到你所要的产品。

你会怎么做呢?是直接在第一家商店购买,还是到另外一家分店去?

如果你和大多数人一样,你就很可能会去另一家分店。毕竟距离不远,并且价格便宜30%。这似乎是明摆着的事。

不过,现在我们来看一个类似的场景。假设你要买一台新的电视,你所去的商店标价为650美元,而店员告诉你有一家分店只卖640

美元。那家分店离这里有20分钟车程，店员保证你会在那儿买到你所要的产品。

你会怎么做呢？你愿意花20分钟为买电视节省10美元吗？

如果你和大多数人一样，这次你就很可能会拒绝。为什么要开20分钟车为买电视节省几美元呢？节省的钱可能还不够开车的油钱呢。我分别就上述两个场景询问了100人，选择在第一家商店买电视的人占87%，而选择在第一家商店买收音机闹钟的仅有17%。

但是，如果你仔细想一下，你就会发现这两个场景实际上是一样的，都要驱车20分钟节省10美元。那么在这两种情况下，人们都应该愿意驱车前往第二家店。

但实际并非如此。虽然几乎所有人都愿意开车去购买更便宜的收音机闹钟，但买电视时几乎没有人愿意这样做。为什么呢？

敏感性递减是指，同样的差值离参照点越远，影响越小。假设你来到一家附近的彩票站买了张彩票，你并没有期望能获得什么大奖，但结果中了10美元。真幸运！你认为只要中奖就是好事，所以你十分高兴。

现在，假设你中了20美元，你肯定会更加高兴。虽然两种情况下你都不会高兴地来个后空翻，但中20美元肯定比中10美元更令人高兴。

第五章 实用价值
Chapter 5: Practical Value

接下来，我们还是以彩票为例，还是多中10美元，但我们把中奖金额调高。假设你中了120美元，而非110美元，或者更高，比如你中了1020美元，而非1010美元。这时，多10美元就没那么重要了。你可能觉得中120美元和110美元是一样的，1020美元和1010美元也没多大区别。所以，以0美元，即不中奖为参照点，同样的差值（10美元）离参照点越远，影响越小。

敏感性递减有助于帮助我们理解人们为什么更愿意驱车去买更便宜的收音机闹钟，而非电视。收音机闹钟价格不高，从35美元降到25美元看起来十分划算。不过，就电视而言，因为价格比收音机闹钟高很多，便宜10美元就显得微不足道了。

不可思议的价值

如果产品的价值让人觉得不可思议，就会更具吸引力。正如我们在社交货币一章谈到的，产品越是与众不同，就越可能被人谈论。一直以来，我们被各种各样的购物信息所包围。如果超市的某个商品便宜1角钱，我们都与人分享，那么我们就不会再有什么朋友。只有产品价格脱颖而出才会被人们口口相传。

195

疯传：让你的产品、思想、行为像病毒一样入侵（经典平装版）
Contagious: Why Things Catch On

　　正如前景理论所示，要让价格意想不到，其中一个重要因素就是人们的期待值。超出预期的促销产品更可能被人分享，因为交易本身就很令人吃惊（比如打折力度让人难以置信）或描述方式让人认为交易很划算。

　　还有一个因素会影响产品的价值，那就是易得性。限制促销产品的易得性会让促销更为有效，这好像有点违背常理。正如社交货币一章谈到的"别告诉别人"秘密酒吧和茹拉网，通过稀缺性和专属性限制易得性，会使产品或服务看起来更具价值。

　　以时间或频率为例，将某物列为打折行列会让人们觉得很划算，但是如果产品总在打折，人们就会调整自己的预期，不会再将"正常的"全价作为参照点，而是将打折后的价格作为参照点。有些常年打七折的地毯商店就是如此，人们发现这些商店常年打折，便不再认为可以省钱。"打折"一词的用法也是如此，虽然"打折"有助于增长销量，但如果一家商店有太多打折的商品，实际销量就会有所降低。

　　如果某种商品实行限时抢购，其吸引力就会大为增强。就像让产品看起来很稀缺一样，如果不能随时买到，人们就会认为这个产品一定很不错。

　　限量购买也是同样的道理。零售商有时会限制打折商品的数量，

第五章 实用价值
Chapter 5: Practical Value

并且仅对部分人出售，比如"每家限购一个"或"每人限购三个"。你可能会认为，限制人们的购买数量会削弱人们的需求，但其实这样会让促销看起来更具价值，从而达到相反的效果。人们心里会想："哇，每人只能买一个，说明商家担心商品卖光，那么这笔买卖肯定很划算，我得赶紧抢购一个。"研究发现，限量购买会使销量增加超过50%。

限制可以购买促销产品的顾客也是个不错的策略。另外，有些宾馆会为忠诚的顾客提供特殊的房价，有些餐馆会在试营业期间为某些特定顾客开放。这些特殊的服务会促进人们口口相传，因为它不仅会带来社交货币，还会让这些服务看起来更有吸引力。就像限时或限量抢购一样，不让所有人都能买到促销商品，会让产品看起来更具价值。这会增加促销信息的实用价值，从而激发人们的分享意愿。

100法则

另外一个影响实用价值的因素是如何表达促销信息。有些促销信息会写明具体便宜多少钱，即绝对折扣（比如便宜5美元或50美元），还有些促销信息是以百分比形式出现的，即相对折扣（比如便宜5%或50%）。用具体金额或百分比表示促销信息会不会影响打折在人们心

疯传：让你的产品、思想、行为像病毒一样入侵（经典平装版）
Contagious: Why Things Catch On

目中的分量呢？

以一件25美元的衬衫为例，在促销信息中写明便宜20%或便宜5美元，哪一个看起来更划算呢？

我们再以2000美元一台的笔记本电脑为例，在促销信息中写明便宜10%或200美元，哪一个看起来更划算呢？

研究人员发现，具体应该用金钱还是百分比表示打折信息，取决于产品的原始价格。对于价格较低的产品而言，比如图书或食品，用百分比表示降价信息的效果更好。原价25美元一件的衬衫，便宜20%会比便宜5美元看起来更划算。而对于价格较高的产品而言，则正好相反。像笔记本电脑这种较贵的产品，用具体金额而非百分比表示打折信息，会让促销看起来更有吸引力。

有一种简单的标注打折信息的方法，可以让促销产品看起来更划算，那就是"100法则"。

"100法则"指出，如果产品价格低于100美元，用百分比表示打折信息就会让促销看起来力度更大。例如，一件30美元的T恤或15美元的主菜，便宜3美元看起来折扣很小，但如果用百分比表示（10%或20%），打折力度看起来就显得很大了。

如果产品价格高于100美元，用具体金额表示打折信息就会让促销看起来力度更大。例如，一个750美元的旅游套餐或2000美元的笔

第五章　实用价值
Chapter 5: Practical Value

记本电脑，便宜10%看起来折扣很小，但如果用具体金额表示（75美元或200美元），打折力度看起来就显得很大了。

所以，要确定如何使促销信息更具吸引力，我们首先要判断产品价格高于还是低于100美元，然后看使用绝对数值还是相对数值来表示打折力度。

有关促销商品还有一点很重要，实用价值越可见，人们就越容易谈论。以当地超市或药店的会员卡为例，这些卡十分有用，不仅可以为顾客省钱，达到一定积分还可以免费兑换礼品。唯一的问题是它的实用价值很难被看到，具体省了多少钱会列在购物小票上，但小票上还列着各种各样的其他信息。大多数人不会将购物小票给别人看，所以除了卡主本人以外，其他人几乎不可能看到他们省了多少钱，这一信息被广泛传播的可能性也就很低。

但是，如果商家让人们更容易看到会员卡的实用价值，那么会有什么样的效果呢？商家可以在收银台立一个显示屏，让排队的顾客看到付钱的人省了多少钱，甚至可以在顾客省钱超过25美元时，响一声铃。这么做会有两种效果：第一，人们会知道如果自己也有会员卡，就会省多少钱，从而刺激没卡的人积极办卡。第二，如果哪位顾客省钱数额比较可观，就会促使他人谈论和分享会员卡的实用价值。正如公开性一章所说，要谈论看不到的事物，难度是很大的。

199

疯传：让你的产品、思想、行为像病毒一样入侵（经典平装版）
Contagious: Why Things Catch On

不只是钱的问题

我对投资很不在行，因为有太多的选择，太多的浮动，太多的风险。我宁愿把钱放在床底下的纸箱里，也不愿意将钱投到有损失风险的共同基金中。还记得我第一次买股票，可以说是蜻蜓点水。我选了两三个看似利于长期投资的大牌股票，然后就想撒手不管。

但是好奇心还是征服了我，我十分紧张，每天都查看股票行情。今天涨了1块钱，太棒了！第二天又跌了3.5角，太令人沮丧，太无助了，真想永远不再涉足投资了。

不用说，我十分需要投资理财方面的帮助。当我要将工资存入401K计划①时，我选了一些跟踪股票市场的安全指数基金。

不久，负责我退休计划的美国先锋集团（Vanguard）发给我一封简短的电子邮件，询问我是否愿意订阅公司月报《理财解惑》（Money Whys）。像大多数人一样，我一般很少订阅新的邮件，但是这封看起来很有用，包括写在最后的纳税提示、一般投资问题的解

---

① 401K计划的名称取自美国1978年《国内收入法》中的Section 401K条款，是美国一种特殊的退休储蓄计划。

第五章 实用价值
Chapter 5: Practical Value

答,以及关于金钱能否买到幸福这种古老问题的答案(或者至少说是一种观点),于是我便订阅了。

现在,先锋集团每个月都会发给我一封简短的邮件,介绍理财的有用信息。某个月专门讲述房屋保险究竟涵盖哪些方面,某个月介绍如何用电脑记录个人财务状况,等等。

说实话,先锋集团发给我的邮件,我并没有封封必读。不过,我将读过的邮件大多转发给了我认为对其有用的朋友。我把房屋保险那封邮件转发给了一个刚刚买房的同事,我把关于记录个人财务状况的那封邮件转发给了一个正想节俭度日的朋友。先锋集团将自己的专业知识巧妙地浓缩为一篇简短的邮件,其中的实用价值促使我将其转发给他人,与此同时,我也为先锋集团做了很好的宣传。

有用的信息是实用价值的另一种体现,可以帮助他人更快、更好、更顺利地达成心愿或激励他们做该做的事。

正如我们在情绪那章所说,我们对《纽约时报》最常被转发的文章的分析发现,健康和教育类文章属于最常被转发的文章之列,流行餐馆的美食和评论也会被人疯传,其中一个原因就是这类文章提供了有用的信息。分享这类内容有助于他人的衣食住行。

看看过去几个月你转发的文章,就会发现类似的规律。例如你会转发涉及《消费者报告》中排行首位的防晒霜品牌、快速从剧烈运动

中恢复过来的方法、万圣节如何雕刻精美的南瓜模型等。这些信息都十分有用，人们愿意分享。

为什么某些有用的信息会被更多的人分享呢？要回答这个问题，有几点值得注意。

第一点是信息的表达形式。先锋集团并没有发给我一封洋洋洒洒的四页邮件，也没有列出25个链接分门别类地解释15个不同话题。相反，它发给我的是一封简短邮件，只有一页和一个主要标题，下面列了三四个链接。我很容易就能注意到内容要点，如果想看更详细的介绍，就可以点击其中的链接。《纽约时报》或其他网站最热门的文章大多有一个相似的组织架构：减肥五法、新年约会的十个秘诀……下次你在商店排队结账时，拿本杂志看看，就会发现这些热门文章都围绕一个中心话题展开，并罗列简要几点内容。

另外，某个化妆品厂商为商务人士设计了一款很实用的手机应用程序，除了提供当地的天气信息，还根据具体情况提供专业的护肤意见。湿度、雨天和空气质量都会对头发和皮肤产生影响，所以这款应用程序会告诉你该如何应对。这些实用信息不仅很有价值，还能够证明该品牌的专业能力。

第二点是目标群体。有些故事或信息的受众较多，至少就美国而言，职业橄榄球比水球的粉丝要多。同样，你可能有更多的朋友喜欢

第五章　实用价值
Chapter 5: Practical Value

美国餐馆胜过埃塞俄比亚餐馆。

你可能会认为，受众更多的信息被分享的可能性更大。有关橄榄球的新闻应该比水球新闻分享的人多，一家新的美国餐馆的评论应该比一家埃塞俄比亚餐馆的评论传播得更广。

不过，这种假设的问题在于，有更多的人可以分享并不等于最终会分享。事实上，受众更少的内容也许更有可能被人分享，因为这些内容会让人想起某位朋友或家人，让他们觉得不得不与之分享。比如，你可能有很多朋友喜欢美国餐馆或橄榄球，但正是因为很多人都对此类事物感兴趣，所以碰到相关信息时你很难想到某个人。相反，你可能只有一个朋友喜欢埃塞俄比亚餐馆或水球，如果你读到相关文章，你就会立刻想到这位朋友。这是因为这个信息看似专门为这位朋友打造，所以你一定要与之分享。

所以，虽然受众面广的信息可能会被更多人分享，但实际上，受众面小的信息会传播得更广。

被埋没的事实

你可能听说过打疫苗会导致自闭症，且听过这种说法的人不占少数。1998年，一本医学杂志刊登了一篇论文，其中指出对麻疹、腮腺炎和风疹免疫可能会导致儿童自闭症。健康类新闻的传播速度总是很快，尤其涉及孩子时，很快便有很多人谈论打疫苗的潜在危害。结果，儿童疫苗注射率大大降低。

如果疫苗的确能够引起自闭症，那么疫苗注射率降低就是好事。但事实并非如此，并没有科学证据可以证明疫苗和自闭症的关系。最初那篇论文实际上含有虚假成分，论文的作者是名医生，因利益冲突而人为操控了文章中的数据，后来被发现违反职业操守，医生执照也被吊销了。不过，虽然这个信息是假的，还是有很多人分享了这个消息。

原因就在于实用价值。分享错误信息并不是人们的初衷，人们只是听到了自认为有用的信息，又想让他人的孩子不受危害。但是，很多人没有听说最初的报道有误，所以还在继续分享这一虚假的信息。人们天生喜欢分享有用的信息，即便错误的信息都可能得到广泛传播。有时，助人为乐却帮了倒忙。

所以，下次如果有人告诉你一个神奇的疗法，或者提醒你某种事物或行为对健康有害，那么你应该先独立判断信息是否正确，然后再与他人分享。要知道，错误信息与正确信息的传播速度是一样的。

实用价值与助人为乐密切相关。本章我们讨论了实用价值和购物

第五章　实用价值
Chapter 5: Practical Value

心理学，但我们首先要记住人们为什么会分享这类信息。人们喜欢互相帮助，喜欢给他人提供建议或分享信息，希望他人从中受益。人性本善，我们关心他人，也希望他们的生活更加美好。

有些产品和创意本身已经具有了很多社交货币，如何将其编织到之前提到的搅拌机视频中，还需要一定精力和创意。找出诱因和激发情绪同样需要一定的努力。但是，要找到实用价值似乎不难。我们能想到的大多数产品或创意都有一定的用处，比如省时省钱、提高幸福感、有益健康等，这些都是有用的信息。所以在考虑为什么人们喜欢某个产品或创意时，我们首先会想到它潜在的实用价值。

困难的是如何脱颖而出。好餐馆和好网站到处都是，我们需要让我们的产品或创意崭露头角，就要突出令人难以置信的价值，并使用"100法则"。我们要像先锋集团那样，凝聚我们的专业知识，让人们在传递信息的过程中了解我们。我们要阐明为什么我们的产品或创意十分有用，让人们不得不口口相传，归结一点就是让其具有实用价值。

第六章 故事

Chapter 6: Stories

- ◆ 用故事承载信息
- ◆ 从故事中学习
- ◆ 打造自己的特洛伊木马
- ◆ 不要做徒劳的付出

疯传：让你的产品、思想、行为像病毒一样入侵（经典平装版）
Contagious: Why Things Catch On

特洛伊战争打了十年后，没有任何结束的迹象。相传，奥德修斯想到了一条妙计，可以结束这场十年未果的围攻。希腊人建造了一只巨型木马，让最好的勇士藏于其中，剩余的军队全部乘船撤离，假装打道回府，而将那只木马留在了海滩上。

特洛伊人发现木马后，将其作为胜利的标志拖回了特洛伊城。他们把木马的脖颈缠上绳子，并在木马的下面摆放粗壮的圆木，缓慢地将其拉动。特洛伊人将城门放下，让木马进入城池。

木马刚一进城，特洛伊人便开始庆祝十年之战的胜利。他们用绿叶装饰庙宇，挖出一罐罐祭祀用的美酒，载歌载舞地庆祝苦难的结束。

但是当天晚上，当特洛伊城陷入酒醉的死寂中时，希腊人从木马中悄然跳出。他们匍匐前进，打晕哨兵，打开巨大的城门。这时，希腊军队已经在黑夜的掩护下返回，轻而易举地走进了这扇他们攻打了多年的大门。

虽然特洛伊城还能承受十年的围攻，却禁不住里应外合。希腊人一进城，就将其摧毁，彻底结束了特洛伊之战。

特洛伊木马的故事已经流传了数千年。根据科学家和历史学家的研究，这场战争可能发生于公元前1170年，最初作为史诗被人口头传颂或配乐演唱，直到几百年后才被记载下来。

第六章　故事
Chapter 6: Stories

这个故事读起来情节曲折，充满了仇恨与背叛。故事集叙事、爱情和战争于一体，撩拨着听众的兴趣。

但是，特洛伊木马的故事还有一层寓意："小心带着礼物的希腊人。"用更通俗的话说，就是"不要相信你的敌人，即使他们看似友好"。特洛伊木马不仅是一个有趣的故事，还传递了一个重要的教训。

不过，如果荷马和维吉尔只是想告诉大家一个道理，那么难道没有什么更有效的方法吗？他们为什么不能一语中的，非要写几百行诗句呢？

当然没有什么不可，但其中的寓意还能产生同样的效果吗？可能不会。

这些古代作家将道理编织在故事中，从而保证它可以代代相传，甚至比用平实简短的语言描述更深入人心。这是因为，人们看重的并不是信息，而是故事，而在人们将注意力放在故事本身上时，信息也会搭上"顺风车"。

用故事承载信息

讲故事是最古老的娱乐方式。假设你生活在公元前1000年的古希

疯传：让你的产品、思想、行为像病毒一样入侵（经典平装版）
Contagious: Why Things Catch On

腊，那里没有互联网，没有体育新闻或早间新闻，没有广播或报纸，要想找点乐子，只能听故事。《特洛伊木马》和《奥德赛》等著名故事都是当时的娱乐源泉。人们围火而坐，或坐在露天剧场中，一遍遍地聆听这些古老的史诗。

故事本来就比枯燥的事实更引人入胜。故事有开头、高潮和结局，如果人们一开始就被吸引住了，那么一定会静等故事的结尾。当你听到一个好故事，你恨不得每个字都不放过。你想知道故事中的他们有没有错过飞机，或者他们把那个九年来总传出尖叫声的房子怎么样了，一旦开头，你就想知道结局，而你的注意力一刻都不会放松。

如今的娱乐方式数不胜数，但是我们喜欢讲故事的习惯却保留了下来。我们喜欢在篝火旁——现在是在饮水机旁或聚会上——讲述自己的故事，讲述朋友或家人的故事，或自己最近经历的事情。

人们讲故事的原因和口口相传的原因如出一辙。有些故事会带来社交货币，比如人们会讲述自己如何从一个电话亭进入了"别告诉别人"酒吧，因为这会让别人认为自己很酷且消息很灵通。有时人们讲故事还与（高唤醒）情绪有关。人们会分享搅拌机的视频，因为人们对一个搅拌机能够搅碎大理石或iPhone这件事感到很惊奇。另外，实用价值也是一个原因。人们会讲述邻居的狗吃了某种咀嚼玩具后生病

第六章　故事
Chapter 6: Stories

的事情，因为他们不希望你的狗也发生同样的不幸。

　　人们对讲故事已经习以为常，甚至在不必要的时候也要展示一下。以网络上的产品评论为例，本应该评价产品性能，如新买的数码相机好不好用，聚焦性能是不是像商家介绍的那样好，但这本应以信息为主的评论最后却融入一个故事之中：

　　"去年7月，我儿子刚刚8岁，我们打算去一趟迪士尼乐园，这是我们的第一次迪士尼之旅。我们需要一个数码相机来记录这次旅行，所以买了这款朋友推荐的相机。它的聚焦效果很好，即使离灰姑娘城堡很远，拍出的照片依旧很清晰。"

　　我们太喜欢讲故事了，即使有时只需要一个简单的打分或评论即可，我们也要讲个故事。

　　正如特洛伊木马一样，故事并不单单是故事。故事的外壳，也就是我们所说的情节，会抓住你的注意力，吸引你的兴趣。而拨开外壳，你往往会发现里面所隐藏的东西。除了不幸的恋人和天赋异禀的英雄，故事往往还会传递其他信息。

　　故事具有承载的能力，其中或蕴含一个教训，或传递一个寓意，或藏有重要信息。

211

以著名的童话故事《三只小猪》为例：猪兄弟三人已经长大，准备离开家独立生活了。老大很快用稻草盖了一座房子，老二用木头盖了一座房子。他们俩都草草地盖好房子，然后去玩了。但是，老三自律能力很强，虽然他的两个哥哥都在玩，他还是用石头费时费力地盖了一座房子。

一天晚上，一只大灰狼出来寻觅食物。大灰狼来到老大的房子外，用温柔的声音说："小猪，小猪，让我进来。"当老大拒绝后，大灰狼一口气就把他的房子吹倒了。老二的木头房子也是同样的遭遇，但大灰狼对老三的房子却无能为力，因为它是用石头砌成的。

这则故事的寓意就是，努力才会有回报，做事情不要急于求成，最后你总会发现付出是值得的。

无数童话、寓言和传奇故事都蕴含着教训与寓意。《狼来了》的故事揭示了说谎的害处；《灰姑娘》讲述的是好心有好报的故事；莎士比亚的戏剧总是承载着珍贵的教训，以及性格与关系、权力与疯狂、爱情与战争之间的矛盾。虽然其中的寓意很复杂，却对现实具有指导意义。

我们每天互相讲述的日常故事也都包含各种信息。

现在让我们看一个我堂弟购买兰兹角牌衣服的故事。几年前，他从加利福尼亚州搬到了东海岸，为了即将到来的寒冷冬天，他去一家

第六章 故事
Chapter 6: Stories

高档百货商店买了一件漂亮的外套。这是一件中长款的羊毛外套,可以穿在西服外面。这件衣服剪裁合身,颜色很好搭配,我堂弟穿上后感觉自己是一位衣冠楚楚的绅士。

唯一的问题是保暖性不够好。如果外面零上10度,就肯定没问题。如果零上5度,就也还好。不过,气温要是降到零下,凉气就会钻进他的衣服,让人感觉冰冷刺骨。

整整一个冬天,我的堂弟都是外表光鲜,但每天上下班路上都觉得寒气逼人,于是他决定买一件真正的御寒衣服。他甚至想全副武装,买件白鹅绒的外套。羽绒服在美国东部和中西部很常见,但加州很少会穿到,而穿上后像在睡袋里一样。他在兰兹角网店上找到了一件很喜欢的衣服,适合气温在零下时穿,即使在东海岸最冷的天气里,也没有问题。

我的堂弟很喜欢这件衣服,它也的确十分保暖。但冬天刚过一半,拉链就坏了。他真是沮丧极了,因为才买了几个月就坏了。修拉链要多少钱呢?要等多久才能修好呢?

时值1月中旬,不穿厚外套出门可并非明智之举。

于是,他拿起电话,打给了兰兹角客服,询问修理拉链的价钱及时间。

我堂弟已经做好心理准备去迎接冰冷的回答,因为他早已对客服

的态度习以为常。出了问题似乎总是顾客的错，客服人员常常说：很抱歉听到产品坏了，但这并不是厂家的问题；保修期已经过了，或者你肯定没有正确使用，但是厂家愿意以双倍于产品的价格帮您修理或派人上门查看，只要您能耐心在家等待，但维修人员何时上门还要看具体情况。

但出乎意料的是，兰兹角客服说的话则完全不同。她说："修理？我们会立刻寄给您一件新的。"我堂弟紧张地问："要多少钱？"她回答说："免费的，而且您不用等多久，货品两天就会送达。我们不会让您在冬天穿件坏的外套出门，不能让您冻坏了。"

产品损坏，免费更换，并且立刻寄出？哇，在当今这个"顾客总是错的"年代，真是闻所未闻。我堂弟觉得太不可思议了，于是立刻告诉我他的经历。

我堂弟的经历绝对是一个很好的故事，但是如果你仔细想想，那么就会发现其中隐含了很多有用的信息：（1）羊毛外套虽然好看，但对于寒冷的东海岸而言，不够保暖；（2）羽绒服虽然穿起来很臃肿，为了保暖还是值得购买的；（3）兰兹角牌的羽绒服的确很暖和；（4）兰兹角的客服十分体贴周到；（5）衣服坏了，兰兹角免费换新。这仅是这个看似简单的故事中蕴含的几条有用信息。

人们讲述的大多数故事都是如此。如何避开交通堵塞？干洗店如

第六章　故事
Chapter 6: Stories

何将沾有油渍的白衬衫洗净，使之焕然一新？这些故事都蕴含着有用的信息：如果堵车，就可以选择捷径；如果想洗掉难洗的污渍，就可以选择干洗店。

故事就像器皿一样具有承载能力，可以将信息广泛地传播给他人。

从故事中学习

故事是学习文化、了解世界的重要源泉。从较高的层次讲，我们可以通过故事学习群体或社会的规则和标准。例如：优秀员工应该如何表现？怎样才能成为有道德的人？再比如从较基本的层次讲，有没有不乱收费的修理工？

除了故事，想一想还有没有获取信息的其他途径。反复尝试是一种方法，但费时费力。如果我们想找到一个诚实守信的修理工帮我们修车，我们不可能开车到几十家不同的修理厂去分别体验，不仅会令人筋疲力尽，还要花掉一大笔钱。

我们还可以通过直接观察来判断，但也不容易。我们必须取悦不同修理厂的修理工，说服他们允许我们看他们工作并愿意告诉我们他

215

们的收费标准，结果如何我们可想而知。

当然，人们还可以通过广告获取信息，但是广告的可信度不高，人们一般都会对劝说持怀疑态度。有关修理工的广告大多会说，他们收费便宜，技术高超，但是如果不亲身体验，我们就很难确定是真是假。

故事有助于人们解决问题，可以让人们快速、方便地获取很多信息，并且形式生动感人。一个有关修理工免费修车的故事可以抵几十次观察和数年的反复尝试。故事可以节省时间，省却麻烦，用容易记住的方式传递给人们所需的信息。

你可以通过类比将故事看成一种证据。如果我从兰兹角买件衣服，能否遇到我堂弟经历的周到客服，就没有确定的答案。但是，这件事的确发生在了和我一样的人身上，这会让我觉得自己也会拥有相同的售后服务。

与不相信广告内容相比，人们因不相信故事而争论的概率要小得多。兰兹角的销售代表可能会告诉你他们的售后服务很好，但是正如我们前文讨论的，因为他们的目的在于销售，所以我们很难相信他们。不过，我们更容易相信人们亲身经历的故事。

首先，我们一般不会不相信发生在某人身上的某事。几乎不会有人对我堂弟说："我觉得你在撒谎，兰兹角不可能有这么好的服务。"

第六章 故事
Chapter 6: Stories

这种情况出现的概率微乎其微。

其次，我们会被某人的故事深深吸引，从认知上讲也很难反驳。我们沉浸在别人的故事中，无暇提问，最后很可能会被说服。

没有人愿意被看成活广告。赛百味（Subway）三明治连锁店推出一款低脂三明治，脂肪含量低于6克。没有人会走到朋友面前，直接告诉他这个消息。这样做不仅很奇怪，还没有相关的语境。当然，如果有人正在减肥，那么这条信息还是很有价值的。但是，只有当减肥是谈话的主题，或者有情境让人想起了减肥方式，否则没有人会提到这个信息。所以，赛百味供应低脂三明治的信息被人谈论的概率不大。

现在，让我们对比一下杰瑞德的故事。杰瑞德·福格尔（Jared Fogle）通过吃赛百味三明治减掉了245磅的体重。因为不良的饮食习惯和缺乏运动，杰瑞德上大学时体重疯长到了425磅。因为体重问题，他选课时主要看教室的座位是否宽大舒适，而不是喜不喜欢某门课程。

后来，他的室友指出他的身体越来越差了，于是杰瑞德决定采取行动，开始实施"赛百味饮食法"：每天中午吃一个长约30厘米的蔬菜三明治，晚餐吃一个长约15厘米的火鸡三明治。这是他自己发明的养生法，他坚持了三个月，竟减掉了100磅。

疯传：让你的产品、思想、行为像病毒一样入侵（经典平装版）
Contagious: Why Things Catch On

但是，杰瑞德并没有止于此，他继续自己的饮食习惯，很快他的腰围就瘦了近5寸，变为普通人的2.3尺。他的减肥成功要归功于赛百味。

杰瑞德的故事如此引人入胜，即使谈论与减肥无关的话题也会被人提到。他减掉的体重着实惊人，但更令人想不到的是，他竟是通过吃赛百味三明治减掉的。吃快餐能减掉245磅？光这一点就足够吸引人了。

这个故事广泛流传的原因很多，包括我们在前几章谈到的，但不同的是，故事非同一般（社交货币），会让人感到惊讶（情绪），还提供了有关健康快餐的有用信息（实用价值）。

人们谈论吉瑞德的故事，并不是想帮助赛百味做宣传，但是作为故事的一部分，赛百味却因此受益。听故事的人不仅知道了杰瑞德，还同时了解了赛百味。他们得到的信息包括：（1）虽然赛百味是家快餐店，但提供健康食品。（2）赛百味三明治十分健康，有人因此减肥成功。（3）吃赛百味三明治能减掉的体重十分可观。（4）有人吃了三个月的赛百味三明治，竟然还愿意继续吃，说明赛百味三明治真的很好吃。虽然人们因为杰瑞德才讲这个故事，但听的人却可以从中得到很多有关赛百味的信息。

这就是故事的魔力，信息打着闲聊的幌子被广泛传播开来。

第六章　故事
Chapter 6: Stories

打造自己的特洛伊木马

故事为人们提供了一个谈论产品和创意的简便之道。赛百味供应低脂三明治，兰兹角的售后服务很好，但是如果谈话期间没有诱因，人们就需要一个由头将之引出，而一个好的故事恰恰就是这个由头。故事能够为人们提供心理上的遮掩，让人们畅谈某个产品或创意，而不会显得像是个帮商家做宣传的活广告。

那么，我们该如何利用故事促使人们口口相传呢？

我们需要打造自己的特洛伊木马，即一个人们愿意分享的故事，在分享的同时将我们的产品或创意编织其中。

蒂姆·派珀（Tim Piper）没有姐妹，上的都是男校。他看到自己的女性朋友们大多认为自己不够美，不禁觉得有些可笑。她们总是担心自己的头发不好看，眼睛太淡了，肤色太暗了。派珀真的无法理解，他觉得她们都很漂亮。

不过在采访了几十位女性后，派珀意识到媒体才是罪魁祸首。广告，更广泛地说，媒体告诉年轻的女性她们不够美，需要打扮。经过多年的信息轰炸，女性们开始信以为真了。

疯传：让你的产品、思想、行为像病毒一样入侵（经典平装版）
Contagious: Why Things Catch On

如何帮助女性看清楚这些广告传递的是虚假信息呢？如何让她们看到广告与现实不符呢？

一天晚上，他的女友正在化妆，准备和他一起出门，这时他突然想到了一个主意。派珀意识到，应该让女孩们看看化妆前后的对比照，以及模特在做头发前、用图像处理软件修图前是什么样子。

于是，派珀拍摄了一个短片。

短片中，斯蒂芬妮看着摄像头，点头示意剧组可以开始了。她很漂亮，但不是那种超凡脱俗的漂亮。她有一头暗金色的秀丽直发，皮肤很好，但有一些斑点，看起来就像邻家女孩。

灯光亮起，化妆开始。我们看到，化妆师为斯蒂芬妮涂上了深色的眼影和明亮的唇色。他们为她打好了粉底，将双颊刷上腮红，修剪眉毛，刷长睫毛，并烫了卷发。

之后，摄影师拿着相机入场，开始拍摄照片。鼓风机开启，斯蒂芬妮的头发被自然吹起。她朝着镜头变换笑容和姿势。最后，摄影师拍到了自己喜欢的照片。

但这只是开始，接下来就是修图了。斯蒂芬妮的照片被上传到电脑中，我们可以看到修图的全过程。她的嘴唇变丰满了，脖颈被拉长了，眼睛更大了，而这只是修整的一小部分。

最后你看到的是一张超模的照片。跟随摄像头的拍摄，我们看到

第六章 故事
Chapter 6: Stories

这张照片被放到化妆品广告的牌子上。之后，屏幕变黑，继而出现了一排白色的小字："难怪我们对美的定义被扭曲了。"

这个短片很精彩，揭示了美容业背后的点点滴滴。

这不仅是一个很好的话题，还是多芬（Dove）产品的"特洛伊木马"。

媒体，更确切地说，美容业登出的女性照片都是经过修饰的：模特一般都是高高瘦瘦的，杂志上的女性脸部无暇、唇红齿白。广告宣称，他们的产品能够让你更漂亮，你将拥有更年轻的面庞、更丰盈的嘴唇、更娇嫩的肌肤。

这些信息给女性如何看待自己的面貌蒙上了层层阴影。据统计，只有2%的女性认为自己很漂亮，超过2/3的女性认为媒体设定的美丽标准极不现实，自己无论如何都无法达到。这种辜负所望的感觉甚至影响了年轻的女孩——深色头发的女孩想变成金发，红头发的女孩讨厌自己脸上的雀斑。

派珀的这个短片为《蜕变》（Evolution），揭露了我们日常所见的模特照片是如何拍摄和制作的。它提醒人们，这些绝代佳人的美貌并不是真实的，而是虚构的，是在真人基础上修饰而成的，是用数码编辑技术修改得来的。这部短片不仅令人震惊，而且发人深省。

不过，该短片的赞助商并不是相关人士或美容业的监督部门。

疯传：让你的产品、思想、行为像病毒一样入侵（经典平装版）
Contagious: Why Things Catch On

与派珀合作拍摄的是健康及美容产品生产商多芬，而这个短片是多芬"真美运动"的一部分。多芬希望通过这场运动来赞扬自然美，进而鼓励女性对自己的相貌保持信心。此外，多芬还有一个香皂广告，拍摄的是体型各异的真实女性，而非我们习惯看到的瘦高模特。

毫无疑问，这场运动引发了热烈的讨论。到底什么是美？媒体是如何塑造这些看法的？我们怎么做才能改变现状？

这场活动不仅引发了热议，还吸引了更多的人关注此事，让人们得以讨论这本属于隐私的话题。此外，还让多芬进入了人们的思考和谈话中。

多芬在广告中使用未经修饰的真人，并引导人们谈论这一复杂而重要的问题，备受业界赞扬。《蜕变》视频仅花费10万美元，点击量却超过1600万次，为多芬赚得数十亿美元。该视频赢得了无数业界大奖，多芬网站的访问量比2006年超级碗广告播放时期涨了三倍多。与此同时，多芬的销量实现了两位数增长。

《蜕变》视频被人们广泛分享，因为多芬揭露了人们一直想要谈论的话题：不现实的美丽标准。这是一个非常感性的话题，但人们因它极具争议性而不敢提出来。《蜕变》视频将其公之于众，给了人们一个诉苦并寻找解决方案的机会。与此同时，多芬也获益良多。多芬引发了人们对美丽标准的讨论，其品牌也悄然成为谈论的一部分。通

第六章 故事
Chapter 6: Stories

过一个充满情感的故事，多芬打造了一个器皿，将自己的品牌装入其中，并与故事一起传扬。

现在，我们该谈谈罗恩·本斯姆霍恩（Ron Bensimhon）的故事了。

不要做徒劳的付出

2004年8月16日，加拿大人罗恩·本斯姆霍恩脱掉了运动裤，小心地走到了3米跳板的边缘。他已经跳过很多次了，但从未在这么重要的比赛上表现过。这可是雅典奥运会，是全球最大的体育赛事，也是体育竞技的巅峰对决之地。但是，罗恩看着并不慌乱，他沉着地将双手伸过头顶。随着观众的呼声，他跳离跳板，腹部落水。

腹部落水？在奥运会上？罗恩肯定沮丧极了，但是当他露出水面时，却看似平静，甚至还很高兴。他在游泳池中游了一会儿，朝观众做着夸张的动作，然后慢慢游到池边，这时正有几个奥运会官员和安保人员在等着他。

罗恩是闯入奥运会的，他并不是加拿大游泳队的队员，甚至连奥运会选手都不是。他自诩为世界上最著名的裸跑者，而他闯入奥运会

疯传：让你的产品、思想、行为像病毒一样入侵（经典平装版）
Contagious: Why Things Catch On

只是为了作秀。

当罗恩跳下跳板时，他并非一丝不挂，但也没穿泳裤，只穿了一件蓝色的芭蕾舞短裙和一条带圆点的白色紧身裤，胸部前后写着一个网络赌场"金纱赌场"（GoldenPalace.com）的名字。

这可不是金纱赌场第一次作秀了（虽然该公司表示他们对罗恩的噱头并不知情）。2004年，金纱赌场以2.8万美元在eBay上拍下了一个形似圣母玛利亚的烤芝士三明治；2005年，该公司又奖励一位女士1.5万美元，让其改名为GoldenPalace.com。但罗恩的这个噱头似乎是最轰动的一次，他被戏称为"游泳池中的傻子"。在场的观众很多，而全球各大媒体也对此事进行了报道。这件事可以说引爆了人们的口口相传。有人穿着芭蕾舞短裙闯入奥运会，还跳入了游泳池中？这个故事太惊人了。

但是，随着斗转星移，人们并没有谈论那家赌场。当然，确实有人看到罗恩身上的字后去网上查询是什么网站，但大多数分享这个故事的人只是讲述了这个噱头，却只字未提那个网站。人们谈论罗恩的举动如何影响了后面比赛的跳水运动员；人们谈论奥运会的安保问题，以及为什么会有人轻而易举地潜入如此重要的比赛；人们还谈论罗恩的审讯情况以及他是否会被判入狱。

人们没有谈论GoldenPalace.com，为什么呢？

第六章　故事
Chapter 6: Stories

营销专家将"游泳池中的傻子"斥为史上最糟糕的游击营销。他们谴责这件事搅乱了比赛，影响了运动员的心态。罗恩也因此被捕受罚。他们认为有充分理由将罗恩的噱头视为失败的营销手段。

我还想加上一条，那就是这次作秀与想要宣传的产品毫无关系。

的确，人们都在讨论这个噱头，没有人谈论网络赌场。带圆点的紧身裤、芭蕾舞短裙、闯入奥运会表演跳水，这些都是很好的故事题材，人们争相谈论的原因也在于此。所以，如果此事的目的是让人们关注奥运会安保问题或某款紧身裤，这次作秀就可以说是成功的。

但它与赌场一点关系都没有。

所以，人们在讲述这个不寻常的故事时，将赌场放在了一边，因为它毫不相关。人们可能会提到肯定有人赞助罗恩，但不会提到赌场，因为人们可能早已忘记，或者认为即使提到也不会为故事添彩。这就像建造了一个宏伟的特洛伊木马，却忘记在里面放东西了。

我们在制造口碑效应时，会关注如何让人们开启尊口，却往往忽略了重要的一点：应该让人们谈论什么。

设计的内容与要宣传的产品或创意毫无关联，这就是问题所在。让人们谈论某件事，与让他们谈论某家公司、组织或设计内容的人，是有很大区别的。

法国依云（Evian）矿泉水的《旱冰宝宝》（*Roller Babies*）广告

疯传：让你的产品、思想、行为像病毒一样入侵（经典平装版）
Contagious: Why Things Catch On

也有同样的问题。在这个广告中，穿着纸尿裤、脚踩旱冰鞋的婴儿做出了各种高难度动作，他们从别的婴儿身上飞过，越过篱笆，伴随音乐节奏，舞动着身体。婴儿的动作显然是电脑合成的，但他们的五官却是真实的，这段视频也因此备受瞩目，点击量超过500万次。

你可能认为，该视频吸引了这么多人关注，依云公司一定受益不少，但事实并非如此。当年，依云的市场份额下跌，销量也减少了近25%。

问题何在呢？旱冰宝宝个个可爱至极，却与依云没有任何关联。人们会分享这段视频，但依云不会因此受益。

所以关键在于，不仅要让内容具有疯传的能力，还要使之与品牌关联起来。重要的不是创造传播力，而是创造有价值的传播力。

以本书开篇提到的巴克莱首厨百元牛肉芝士三明治为例。与旱冰宝宝和矿泉水的关系相比，昂贵的高端三明治与高端的牛排屋显然关系更为密切。另外，三明治可不是什么噱头，而是实实在在地列在巴克莱首厨的菜单上。它还直接表明了餐馆想让顾客得出的结论：质量高而不乏味，奢侈但有创意。

唯有品牌或产品成为故事不可缺少的一部分，唯有人们讲故事时不得不提到它，传播力才具有最大的价值。

关于有价值的传播力，我比较喜欢举的一个例子是埃及乳业公司

226

第六章　故事
Chapter 6: Stories

熊猫（Panda），该公司生产多种奶酪产品。

熊猫公司的广告开头总是无关痛痒，其中有一个广告是一位父亲正和儿子在超市购物。

"爸爸，为什么不买点熊猫牌奶酪呢？"他们路过奶制品货架时儿子问道。

"够了！"爸爸说，"购物车里的东西够多了。"

这时，一只熊猫出现了，准确地说是一个身穿熊猫装的人出现了。真的很难充分描述当时的场景有多荒唐。没错！一只庞大的熊猫突然出现在超市的中央。

父子俩盯着熊猫，显然惊呆了。这时响起了巴迪·霍利的歌，父子俩看看放着熊猫牌奶酪的架子，又看看那只熊猫，如此来来回回，父亲倒吸一口凉气。

然后便是一场混乱。

熊猫慢慢地走向购物车，平静地将双手放在购物车的两边，然后把车掀翻。

过道里食品乱飞，意大利面、罐装食品和饮料到处都是。那位父亲和熊猫分别站在购物车的两端，互相注视着，时间就此定格。然后，熊猫开始乱踢地上的东西。最后，熊猫将熊猫牌奶酪扔向屏幕，一个声音说道："永远不要对'熊猫'说不。"

227

疯传：让你的产品、思想、行为像病毒一样入侵（经典平装版）
Contagious: Why Things Catch On

还有另外两个广告也是类似的情节，只是把地点换成了办公室和医院。这一系列广告无可挑剔，非常搞笑。从大学生到金融机构的高管，所有看过这些广告的人都笑得肚子疼。但是请注意，这些广告之所以很棒并不只是因为搞笑。

这些广告不仅很成功，还是有价值传播力的很好例证，因为品牌是这些故事不可分割的一部分，人们说起这些广告自然会提到熊猫。事实上，如果想让故事说得通，并且让其他人明白其中的笑点，那么不提到熊猫是不可能的。故事的精彩部分和品牌名称交融在一起，这不仅会提高人们讲故事时提到熊猫和品牌的概率，还会让人们牢记广告是给什么产品做宣传，甚至在几天、几星期后都不会忘记。总而言之，熊猫是故事必不可少的一部分，与故事不可分割。

前面提到的布兰泰搅拌机的视频也如出一辙。人们谈论搅拌机搅碎iPhone的视频时，不可能不提到搅拌机本身。看过该视频的人要想不注意视频里的布兰泰搅拌机也几乎是不可能的。这个搅拌机实在太强大了，竟然什么都能搅碎，这正是布兰泰想要传递的信息。

在创造会被疯传的内容时，有价值的传播力十分重要。也就是说，我们要让产品或创意成为故事的一部分。正如好的侦探小说的剧情一样，有些细节对于故事十分重要，有些则不太相关。谋杀案发生时不同的犯罪嫌疑人都在哪里？这很重要。侦探思考案情细节时吃的

第六章 故事
Chapter 6: Stories

什么饭？这不怎么重要。

同样的差别也适用于我们刚刚讨论过的内容。比如罗恩在奥运会上的作秀事件，跳入游泳池这件事很重要，而GoldenPalace.com则几乎不相关。

当人们复述别人讲的故事时，不同细节的重要性就更显而易见了。想一想特洛伊木马那个故事，流传了几千年。虽然书中记录了这个故事，但大多数细节都是人们口口相传的。那么，人们记住了哪些细节，复述时又会讲到哪些细节呢？这并不是随机的，因为重要的细节永远不会被遗漏，而无关紧要的内容则会被忽略。

50多年前，心理学家戈登·奥尔波特（Gordon Allport）和约瑟夫·波斯特曼（Joseph Postman）研究了一个类似的问题。他们对谣言在人际间的传播很感兴趣：消息在传播过程中会一成不变，还是会随之变化呢？如果发生变化，那么有没有可以预测的规律呢？

为了解答这一问题，他们研究了我们所说的"传话游戏"。

首先，他们给第一个人看了一幅图片，其中描绘了这样一个场景：那是一个地铁，看起来好像是第八大道快车，正通过迪克曼大街站。车上贴了很多广告，共有五个人，其中包括一个老人和一个抱着孩子的妈妈。不过，图片的关键是两个男人正在争吵，其中一个人用手指着另一个人，手里还拿着把刀。

疯传：让你的产品、思想、行为像病毒一样入侵（经典平装版）
Contagious: Why Things Catch On

传话游戏开始了。第一个人（传话者）要给第二个人（听话者）描述那幅图片的内容，而这个人看不到那幅画。传话者将自己看到的细节告诉给听话者，然后离开房间，再进来一个新人。新进来的人成为新的听话者，而原来那位则变成传话者，将自己听到的告诉新来的听话者。然后，最初的听话者离开房间，再进来一个新人，游戏如此进行下去，直到传至第六个人。这时，奥尔波特和波斯特曼开始研究哪些细节保留了下来，哪些遗失了。

他们发现，随着游戏的进行，人们传递的信息量越来越少。传五六次后，故事细节的70%都被漏掉了。

但是，故事并没有因此变短，还在围绕主题展开。通过大量研究，他们发现了共同的规律：有些信息会被保留下来，有些信息则会被漏掉。

在上面那个传话游戏中，第一个人基本上描述了图片中的所有细节，包括地铁看起来像第八大道快车，正通过迪克曼大街站，车上有五个人，两个人在吵架。

随着传话的进行，很多不重要的细节都被忽略了。后面的人不再描述是什么地铁和正经过哪里，而是集中讲述吵架事件，即有个人用手指着对方，还持有刀具。这与上述的侦探小说一样，人们只关注重要的细节，而忽视无关细节。

第六章　故事
Chapter 6: Stories

如果你想创造出能够疯传的内容，那就打造你自己的特洛伊木马吧。不过，一定别忘了有价值的传播力这一点，一定要保证你想让人们记住和传播的信息与故事不可分割。当然，你可以设计搞笑、独特或令人愉悦的故事，但如果人们不将内容与你相联系，那么即使故事疯传起来，对你益处也不大。

所以，打造特洛伊木马时，一定要将社交货币、诱因、情绪、公开性和实用价值考虑在内，同时千万别忘了将重要信息藏在其中。也就是说，一定要记着将你想传播的信息编织在故事的重要情节中，别人讲故事时才会不得不提到这一信息。

后　　记

随便找三位女性，问问她们最近一次美甲是在哪儿做的，至少有一个人可能会说是找越南美甲师做的。为什么呢？具体的故事可能会让你大吃一惊，这一切源自20位女性和一套长长的珊瑚色指甲。

顺乐（Thuan Le）是越南的一位高中教师，1975年来到美国希望村时，除了身上的衣服，一无所有。这座在萨克拉门托之外搭建的帐篷城是越南难民的集中营，他们在西贡解放后逃到美国。集中营里挤满了新的移民，同时充满了希望与绝望。他们带着让自己和家人生活更好的梦想来到美国，因为语言不通，使实现梦想的概率微乎其微。

曾在阿尔弗雷德·希区柯克执导的电影《群鸟》（*The Birds*）中饰演女主角的蒂比·海德莉（Tippi Hedren），很关注难民的困境，每隔几天就会到希望村一趟。海德莉想帮助这些难民，她因此成为几位女性的导师。这些勤劳的女性之前都是越南的企业主、教师或政府官员，她们很渴望找到新的工作。海德莉被她们讲述的越南故事所深深吸引，而这些女性也注意到了一点，那就是海德莉的指甲非常漂亮。

这些女性非常羡慕海德莉光亮的淡粉色指甲，于是海德莉每周会带她的美甲师去一趟希望村,教她们美甲技术,比如如何去除角质层和老茧,如何涂指甲油等。这些女性学得很快,并且在自己、海德莉及其他认识的人身上练手。

一个计划很快浮出水面。海德莉为这些女性在附近一家美容学校里找到了免费的美甲课程。她们在那里系统地学习了美甲技术。后来,海德莉四处打听,帮助顺乐和其他人在圣塔莫尼卡及周边城市找到了工作。

起初的路很艰难。当时,美甲行业尚未走俏,并且竞争十分激烈。但是,顺乐等人顺利地通过考试,取得了美甲师执照,并开始创业。她们工作十分努力,每天工作很长时间,别人不愿做的工作她们也愿意承担。这些女性十分勤奋,并且很有毅力,她们的钱越赚越多,地位也逐渐升高。

看到顺乐的成功,她的一些朋友也决定加入这一行业。她们一起开设了第一家美籍越南人美容沙龙,并鼓励其他人也参与进来。

顺乐的成功故事很快流传开来,数千名想要在美国寻找新机会的越南移民都听说了这个故事,越南人美甲沙龙逐渐开遍了萨克拉门托,又扩散至整个加州,甚至整个美国。最初20位女性引发的这一潮流很快便有了自己的生命。

如今,加州80%的美甲师都是美籍越南人,就全美而言,也超过40%。

越南人美甲沙龙就这样疯传起来。

顺乐、海德莉和越南人美甲沙龙的故事十分精彩,但更令人惊奇的是,此类故事并非独一无二。

其他移民群体也纷纷占据了各自的细分市场。据估计,洛杉矶80%的甜甜圈店铺是柬埔寨移民开的,纽约65%的干洗店是韩国人开的。19世纪50年代,波士顿60%的酒类专卖店属于爱尔兰人。20世纪初,犹太人掌控了男士服饰85%的生产。类似的例子不胜枚举。

如果仔细想一想,就会发现这些故事是包含一定道理的。人们来到新的国度,开始寻找新的工作。这些移民之前可能有各种各样的技能,但是在新的国家他们的选择十分有限。语言障碍,之前的证书或资格很难派上用场,认识的人又少,一切都促使这些移民向朋友或亲戚寻求帮助。

正如本书讨论过的其他产品和创意一样,社会影响和口口相传在这些故事中也起到了重要作用。就业问题在新移民中十分常见(诱因),新移民会观察其他移民找到了什么样的工作(公开性),并和他们交流工作问题。已经站稳脚跟的移民不仅想树立良好的形象(社交货币),还想帮助同胞(实用价值),所以他们愿意讲述关于移民那些令人振奋的创业故事。

很快，这些新移民便模仿他们的同胞，干起了同样的工作。

越南美甲师的故事，更广泛地说，是移民的工作选择问题，它涵盖了本书所讨论的重点内容。

首先，任何产品、思想和行为都有疯传的潜能，例如：我们讨论过的搅拌机（《这个，能搅碎吗？》）、酒吧（"别告诉别人"）、早餐燕麦（蜂蜜燕麦圈）；本身就是令人兴奋的产品，如打折店（茹拉网）和高端餐馆（供应百元牛肉芝士三明治的巴克莱首厨）；比较普通的产品，如玉米（肯·克雷格的《去除玉米须》的视频）和搜索引擎（谷歌《巴黎之爱》）；电子产品（iPod的白色耳机）、服务（Hotmail）、非营利组织（Movember基金和"坚强活着"腕带）、健康的生活方式（男子喝油脂的视频），甚至还有香皂（多芬的《蜕变》广告）。社会影响对所有这些产品、思想和行为的流行起到了推动作用。

其次，我们可以看到，社会流行潮并不是由几个特殊的重要人物促成的，而是由产品和创意本身引发的。

当然，每个精彩的故事都有一个主人公，比如蒂比·海德莉帮助越南女性学习美甲、乔治·赖特想到了《这个，能搅碎吗？》的创意。不过，虽然这些人点燃了最初的火花，但他们只是故事的一小部分。为什么说重要人物对社会流行潮并没有我们想象的那么重要呢？社会学家邓肯·沃茨（Duncan Watts）做了一个很好的比喻：这就好比森林火灾，有些森林火灾会燃起熊熊烈火，但是没有人会说火势大小取决于最初火花的特殊性质。人们只会认为，森林火灾的起因是很多树木都着了火。

得以疯传的产品、思想和行为就像森林火灾一样，如果没有上百甚至上千人分享，是不可能流行起来的。

那么，为什么会有很多人为这些产品、思想和行为做宣传呢？

这就该谈第三点了：这些事物的某些特征使其更可能被人分享或谈论。你可能会认为，事物的流行只是随机的，风靡的产品和创意只是被幸运女神眷顾而已。但是，疯传的原因可不是幸运，也不是什么神话，所有的社会流行潮都由相同的重要原则所推动。不管是鼓励人们节约用纸、观看纪录片，还是尝试新服务或为某人投票，所有这些事情，要想成功，都有一个秘诀，那就是本书所谈的疯传六原则（STEPPS）。

社交货币	我们会分享让我们脸上有光的事情。
诱因	头脑中最先想到的事往往会脱口而出。
情绪	我们关心的话题，就会分享。
公开性	能够看到的产品，就有增长的潜力。
实用价值	分享有用的信息。
故事	信息打着闲聊的幌子广泛传播开来。

如果我们想让事物疯传开来，就要仔细思考如何打造这重要的六个原则。

有些原则可以在设计产品或创意时实现，比如百元牛肉芝士三明治本身就能塑造社交货币；丽贝卡·布莱克的《星期五》，歌名本身就是诱因；苏珊·波伊尔的表演激发了人们很多情感；Movember 基金会将男人蓄须这一个人行为公开化，从而募集了数百万美元；肯·克雷格的《去除玉米须》的两分钟视频具有纯粹的实用价值。

我们还可以把这六个原则植入所传播的信息中。布兰泰搅拌机本身就很强大，但是它通过与众不同的方式展示它的威力，即通过《这个，能搅碎吗？》视频打造了社交货币，并促使人们口口相传。奇巧巧克力并没有变换产品，但通过将其与人们喜欢的饮品（咖啡）联系在一起，增加了人们谈论这款巧克力的诱因。人们分享先锋集团的月报《理财解惑》，原因在于它的实用价值，同时在传递信息的过程中该公司也得到了宣传。人们分享多芬的《蜕变》广告，原因则在于它激发了人们的诸多情感，并且通过故事的形式进行传播，多芬也从中受益匪浅。

如果你想使用疯传六原则，就可以用下面这张表格来检验你的产品或创意在这六个方面做得如何。

社交货币	谈论某个事物能否让人们脸上有光？能否找到事物内在的独特性？能否使用游戏机制？能否让人们感觉像内行人？
诱　　因	想一想具体环境，什么线索能让人想起你的产品或创意？如何打造环境让人们更多地想起你的产品或创意？
情　　绪	关注人们的情感，谈论你的产品或创意能否激发人们的情感？如何点燃人们的情绪之火？
公 开 性	你的产品或创意是否具有自我宣传的能力？别人使用你的产品时，其他人能否看到？如果看不到，那么你该如何变不可见为可见？你能否创造行为痕迹，并让它在人们使用产品后也依然存在？
实用价值	谈论你的产品或创意是否具有帮助他人的作用？如何突出产品的独特价值？如何将专业、复杂的信息转变为他人愿意分享的有用信息？
故　　事	你的特洛伊木马是什么？你的产品或创意是否编织在人们愿意分享的故事中？这个故事是否不仅能够疯传，还具有有价值的传播力？

　　遵循这六个重要原则，或只遵循其中几个，你便可以利用社会影响和口口相传让自己的产品、思想和行为风靡起来。

　　最后一点，疯传六原则最妙之处在于人人都可以使用。它不需要巨额的广告预算，也不需要营销天才或创新基因。的确，我们在本书中谈论过的成功案例都是由某个人创造的，但这些人并非都是名人，在社交网络上也没有成千上万的关注者。他们依靠的就是疯传六原则中的一个或几个，他们的产品、思想和行为也因此得以疯传。

前面我们提到，霍华德·韦恩需要一种方法来提高巴克莱首厨的知名度，同时还要坚持自己的品牌特色。百元牛肉芝士三明治正好解决了这些问题，它不仅提供了一个非凡的（社交货币）、令人惊奇的（情绪）故事，还让大家知道巴克莱首厨供应高品质的食物（实用价值）。另外，费城盛行牛肉芝士三明治，这会时刻提醒人们分享百元牛肉芝士三明治的信息（诱因）。结果，百元牛肉芝士三明治不仅促使人们争相谈论，同时为巴克莱首厨带来了巨大的成功。

我们还提到，乔治·赖特几乎没有营销预算，他需要一种方法让人们谈论一个他们通常不会谈论的产品——搅拌机。他想到了一个吸引眼球的方法，并将其编入故事中，从而创造了上亿次的点击量，并大大提高了产品的销量。《这个，能搅碎吗？》视频不仅出乎人们的意料（情绪），还十分与众不同（社交货币）。该视频将产品的优势（实用价值）变成故事的一部分，打造了一个绝佳的特洛伊木马，从而让人们争相谈论一个普通的家用电器，并让这个搅拌机风靡起来。

想出创意的是普通人，疯传的产品也很普通，但是通过利用口碑心理学，他们都为自己的产品创造了成功。

纵观整本书，我们谈论了如何利用口碑效应和社会影响让事物疯传的前沿科学。如果你遵循上面这六个重要的原则，那么任何产品、思想和行为都可以疯传起来。

致　　谢

每次我说我正在写书,都会有人问我有没有人在帮我。这个问题很难回答,因为书并不是合著的,但如果没有别人的帮助,那么我也绝不可能完成。

首先,我要感谢多年来与我合作过的人,包括埃兹吉·阿克皮纳(Ezgi Akpinar)、埃里克·布拉德洛、戴夫·巴尔特、口碑经纪公司团队、格兰妮·菲茨西蒙斯(Gráinne Fitzsimons)、拉古·延加、埃德·凯勒(Ed Keller)、凯勒·费伊集团的研究人员、布莱克·麦克沙恩、凯蒂·米尔克曼、埃里克·施瓦茨、摩根·沃德(Morgan Ward),没有他们的研究,这本书是无法面世的。还有我聪明的学生们,丽贝卡·格林布拉特(Rebecca Greenblatt)、戴安娜·姜(Diana Jiang)、劳伦·麦克德维特(Lauren McDevitt)、热纳瓦·朗(Geneva Long)、凯里·陶布(Keri Taub)和詹妮弗·吴(Jennifer Wu),也对该书付出了努力。马尔科姆·格拉德威尔的惊人之作为我指引了道路,安娜·马斯特里(Anna Mastri)教会我如何成为一个更好的作家,赛思·戈丹(Seth Godin)、斯坦利·利伯森(Stanley

Lieberson)、埃弗里特·罗杰斯（Evereet Rogers）、伊曼纽尔·罗森（Emanuel Rosen）、托马斯·谢林（Thomas Schelling）、乔纳森·韦纳（Jonathan Weiner）的著作给了我灵感，让我得以继续这一领域的研究。此外，我还要感谢格伦·莫格伦（Glenn Moglen）将我领入学术研究的天地，艾米丽·普罗宁（Emily Pronin）让我接触到了社会心理学，诺亚·马克（Noah Mark）让我了解了社会学，李·罗斯（Lee Ross）和伊塔马尔·西蒙森（Itamar Simonson）总是能想出伟大的创意。我还要感谢沃顿商学院和斯坦福大学的同事们，蒙戈马利·布莱尔高中的老师们，还有塔科马公园初中教过我和其他幸运的学生数学和自然科学的老师们。

其次，我要感谢与这本书直接相关的人。丹·阿里利（Dan Ariely）、丹·吉尔伯特（Dan Gilbert）、萨拉·莱勒（Sarah Lehrer）协助我理清了写作思路；爱丽丝·拉普兰特（Alice LaPlante）帮助我对文字进行了润色；莱文·格林伯格文学代理机构的吉姆·莱文（Jim Levine）等人有如我写作过程中的指明灯。西蒙&舒斯特公司的乔纳森·卡普（Jonathan Karp）、鲍勃·本德（Bob Bender）、特蕾西·盖斯特（Tracey Guest）、理查德·罗雷尔（Richard Rhorer）、迈克尔·阿科尔迪诺（Michael Accordino）等人将我的想法汇集成一本真正的著作。感谢安东尼·卡法罗、科琳·科拉克、肯·克雷格、本·菲施曼、丹尼丝·格雷迪、科雷恩·约翰内森、斯科特·麦凯克恩、蒂姆·派珀、肯·西格尔、布莱恩·谢贝罗、霍华德·韦恩、乔治·赖特与我分享了他们的故事。沃顿商学院的高级工商管理硕士（EMBA）很多都是公司高管，感谢他们为本书的初稿提供了重要的反馈意见。宾夕法尼亚大学橄榄球队使我在写作期间得以放松。目光敏锐的玛利亚·安娜（Maria Ana）为本书做了修订。我的堂弟、弗雷德、丹妮及整个布鲁诺家族不仅为本书的初稿提供了宝贵意见，还时刻提醒我写书的初衷是什么。

　　还有一些人我要特别感谢。首先是奇普·希思，他不仅是我的良师益友，还教会了我如何写作与研究，我真的不胜感激。其次是约尔丹，他不仅是颇有见地的编辑，还是孜孜不倦的卫士，整个写作期间他都坚守在旁，提供各种帮助。当然，还有我的父母杰弗里·伯杰（Jeffrey Berger）和迪安·阿金（Diane Arkin），他们不仅给予我莫大的支持，还阅读了本书；没有他们，也不可能有这本书的问世。最后，还要感谢我的祖母，感谢她一直的陪伴与支持。